프랑스 와인용어 해설

저자 최인섭

Lexique du vin français

현우사

서문

와인, 그 풍부한 세계에는 끝이 없는 용어들이 존재한다. 그 복잡성과 다양성은 초보자에게는 혼란스럽게 느껴질 수 있지만, 이 책은 그러한 어려움을 해소하고 프랑스 와인 용어에 대한 이해를 돕기 위해 저술하게 되었다.

와인 전문 용어는 초보자에게 복잡할 수 있다. 와인의 언어에는 와인 시음 경험을 공유할 수 있는 고유한 어휘가 있다.

난해한 와인 용어는 종종 전문가들 사이에서만 사용되고 있어서 와인을 즐기는 일반인에게는 낯선 용어로 여겨질 수 있다. 하지만 이 책은 이러한 용어들을 친숙하게 만들고, 와인의 본질을 쉽게 이해할 수 있도록 돕기 위해 쉽게 표현하도록 노력했다.

이 책을 통해 와인을 더 깊이 이해하고, 와인을 즐기는 과정에서 더욱 자신감을 가질 수 있기를 바란다. 프랑스 와인 용어의 한글 발음 표기는 부록의 프랑스어 기초 발음 표기를 참고로 하였다. 그러나 본 저서에 표기된 한글 발음 중 이미 국내에서 많이 사용되는 한글 발음 표기되는 주요 단어는 일반적으로 많이 사용되는 한글 발음을 사용하였다.

이 책은 와인을 좋아하는 사람들에게 와인의 세계를 더 깊이 탐험하고, 그 즐거움을 더욱 풍부하게 만들어 줄 것이다.

끝으로 어려운 출판 환경 가운데서도 정성껏 본서가 출간되도록 많은 협조와 도움을 주신 도서출판 현우사 배영환 사장님을 비롯한 관계 직원분들에게 감사드린다.

2024년 7월

최인섭

A

Acidité [아씨디떼]

- 와인에서 산도는 와인의 신맛 정도를 나타냄
- 와인에 신선함과 상큼한 맛을 내는 데 필수적인 요소

Aix-en-Provence (Coteaux d') [꼬또 덱쌍 프로방스]

- 프랑스 남부 프로방스(Provence)에 위치한 지역
- 지중해의 영향을 받아 따뜻하고 건조한 기후
- 로제 와인 주 생산지로 그르나슈(Grenache), 시라(Syrah), 생소(Cinsault), 무르베드르(Mourvèdre), 까베르네 소비뇽(Cabernet Sauvignon) 품종 재배

Aligoté [알리고떼]

- 부르고뉴 지방의 고유한 청포도 품종
- 산도가 높고 레몬, 라임 등의 시트러스 계열 향
- 가벼운 드라이한 스타일의 와인을 만드는 품종
- 스테인리스 스틸 탱크 발효 및 숙성
- 더운 날씨에 상쾌하게 마시는 품종

Coteaux d'Aix-en-Provence

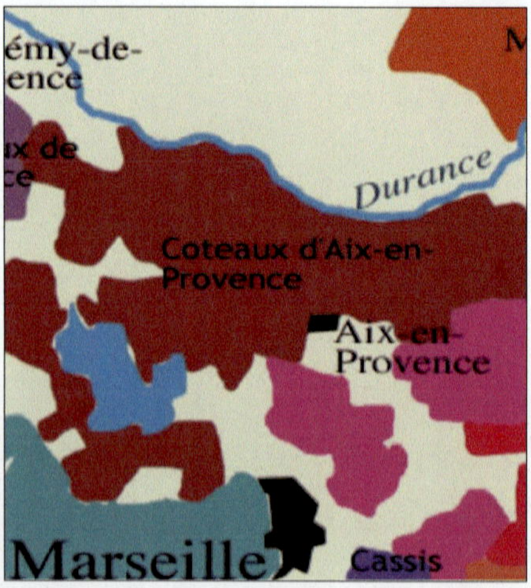

출처: https://www.paris-bistro.com/

Aloxe Corton [알록스 꼬흐똥]

- 부르고뉴 코트 드 본(Côte de Beaune) 북쪽 끝에 위치한 마을
- 화이트 와인 생산 비중이 높은 지역
- 그랑 크뤼 와인을 생산하는 포도밭은 꼬흐똥(Corton)과 꼬흐똥 샤르마뉴(Corton-Charlemagne)
- 꼬흐똔 샤르마뉴 그랑 크뤼(Corton-Charlemagne Grand Cru) 화이트 와인의 지명은 프랑크 왕국의 샤르마뉴 대제에서 유래

Alsace [알자스]

- 북동부에 위치하며 독일과 국경을 하고 있는 와인 생산지
- 뛰어난 화이트 와인의 본고장으로 단일 품종 와인 생산
- 실바네르, 게뷔르츠트라미너, 피노 블랑, 리슬링, 무스카트, 피노 그리 등 품종 사용
- 과일 향에 신선하면서도 아로마가 풍부한 화이트 와인 생산

Alsace

출처: https://www.winetourism.com/

출처: https://www.decanter.com/

➔ Alsace Vendange Tardive [알자스 방당쥐 따흐디브]

- 프랑스 알자스 지방에서 늦게 수확하여 만든 화이트 와인
- 당도가 특히 높으며 방당쥐 따흐디브(Vendange Tardive)는 '늦은 수확' 의미
- 1984년 이후 방당쥐 따흐디브 법적 기준 규정
- 알자스(Alsace) 또는 알자스 그랑 크뤼(Alsace Grands Crus) 등급 레이블에 추가 가능
- 높은 당도를 가지고 수확, 18개월 동안 숙성 후 판매
- 보트리티스 시네레아(Botrytis cinerea)로 당도와 풍미가 집중 현상 발생
- 게브리츠 트라미너, 리슬링, 피노 그리, 뮈스카 등으로 스위트 와인 제조

➔ Ancenis (Coteaux d') [꼬또 당세니]

- 르와르 지역의 앙세니(Ancenis) 주변에 산지 위치
- 레드와 로제는 가메 품종, 화이트 와인은 삐노 그리 품종 사용

➔ Anjou [앙주]

- 루아르 밸리 지역에 위치한 와인 산지
- 레드, 로제, 화이트, 스파클링 와인 등 다양한 스타일 와인 생산

- 지리적, 역사적으로 파리와 가까운 지역으로 와인 생산 활발했던 지역
- 슈냉 블랑(Chenin Blanc) 사용 드라이한 화이트 와인 생산
- 로제 당주 (Rosé d'Anjou)와 까베르네 프랑 또는 까베르네소비뇽을 사용한 까베르네 당주(Cabernet d'Anjou) 등 로제 와인 유명 산지

➔ A.O.C. [아오쎄]

- 프랑스의 원산지명 표시 제도를 가리키는 아뻴라시옹 도리진 콩트롤레(Appellation d'Origine Contrôlée)의 약어
- 1930년대에 제정 전 세계적인 원산지 표시 제도의 원형
- 아오쎄 지역명을 사용하려면 와인에 사용된 포도는 특정 지리적 구역에서 재배
- 허용된 포도 품종, 품질 검사, 알코올 도수, 생산량, 재배 및 양조 방식 등 다양한 규정 준수 필요
- 아오쎄는 다양한 농수산물 제품에 적용됨
- 유럽 연합도 유사한 원산지 표시체제 사용

A.O.C.

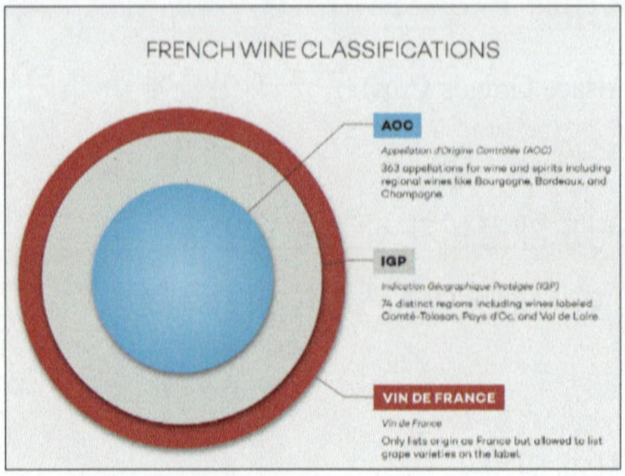

출처: https://winefolly.com/

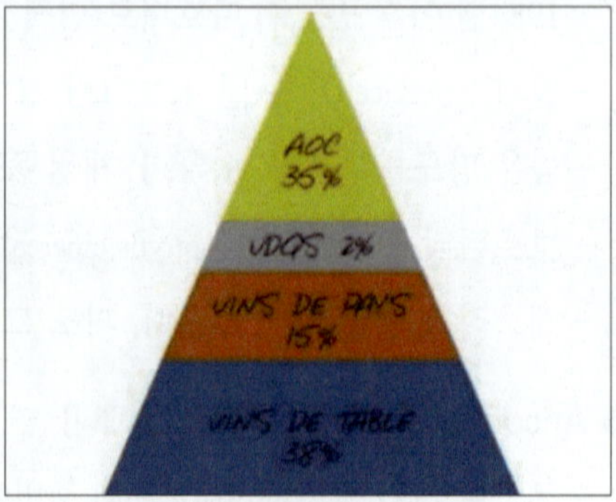

출처: https://www.vins-fins.be/

➔ Apéritif [아뻬리티프]

- 식욕을 자극하기 위해 식사 전에 제공되는 애피타이저나 애피타이저 음료
- 라틴어 '시작하다'를 의미의 단어에서 유래하며 식전 유대감 강화

- 19세기부터 식사 전 마시는 음료 문화로 발전

Arbois [아흐브와]

- 프랑스 동부 쥐라 지역의 대표적 아오쎄(A.O.C.) 마을
- 뱅 존과 뱅 드 빠이으 생산지

Armagnac [아르마냑]

- 프랑스 남서부 가스고뉴(Gascogne)지역에서 생산되는 오드비
- 콜롬바흐(Colombard), 폴 브랑쉬(Folle blanche), 위니 블랑(Ugni blanc), 바코(Baco) 등 포도 품종으로 발효 후 증류
- 아르마냑은 초기에는 약용으로 사용
- 역사적으로 단식 증류기 사용
- 프랑스에서 가장 오래된 증류주 중 하나

Armagnac

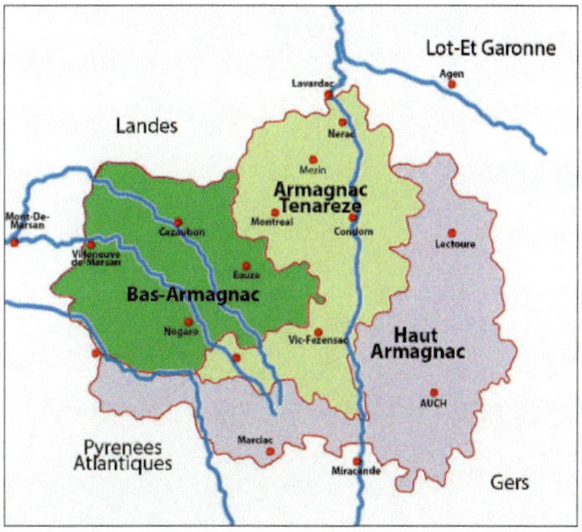

출처: http://ww17.danari.co/

출처: https://www.nataliemaclean.com/

Arôme [아로므]

- 와인의 포도 열매 자체에서 나는 신선한 과일향 의미
- 유사한 용어인 부께(bouquet)는 오크 통 또는 병 숙성 과정을 통해서 생성된 향 의미

- 때로는 아로므와 부께 두 단어를 혼용 사용

➔ Assemblage [아쌍블라쥐]

- 여러 다른 통의 와인을 혼합, 섞는 과정 의미
- 샴페인 양조에 사용되며 블렌딩이라고도 칭함
- 다양한 숙성 통의 와인을 조합하는 것
- 이 과정을 통해 더욱 풍부하고 균형 잡힌 맛과 향 제조
- 샴페인 생산과정에서 여러 와인을 다양하게 블렌딩해 각 양조자마다 개성있는 샴페인 생산

➔ Aubance (Coteaux de l') [꼬또 드 로반스]

- 프랑스 중서부의 루아르 밸리 지역의 앙주(Anjou)에 위치한 아오쎄 와인 산지
- 귀부병(Botrytis cinerea)에 감염된 슈냉 블랑(Chenin Blanc)으로 스위트한 황금빛의 균형 잡힌 스위트 와인 생산

➔ Aude [오드]

- 프랑스 남부 랑그독 루시용(Languedoc-Roussillon) 지역에 위치한 생산지
- 지중해성 기후로 일조량 풍부
- 레드, 화이트, 로제, 스파클링 와인 등 다양한 와인 생산

➔ Ausone (Château) [샤또 오존]

- 보르도지역의 생떼밀리옹(Saint-Émilion)에 위치한 와이너리
- 쌩떼밀리옹 프흐미에 그랑 크뤼 클라쎄(Saint-Émilion Premier Grand Cru Classé A)에 속하는 유명 생산자
- 고대 로마 시인 아우소니우스(Ausonius)에서 샤또 명칭 유래

➔ Auvergne (Coteaux d') [꼬또 도베르뉴]

- 프랑스 중부에 위치한 산악 및 화산 지대인 오베르뉴(Auvergne) 지역에 위치한 산지
- 가메(Gamay) 품종으로 레드 와인 생산
- 삐노 누와(Pinot Noir)와 샤르도네(Chardonnay) 품종도 재배

Coteaux d’Auvergne

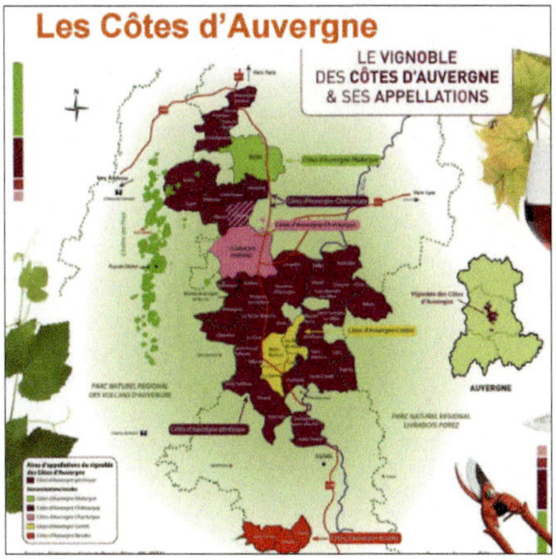

출처: https://decouverte-et-patrimoine.fr/

출처: https://colnect.com/

B

Balance [발랑스]

- 와인의 여러 가지 요소들이 조화를 이루는 상태
- 산도, 당도, 알코올, 탄닌, 바디 등 요소들이 주요 기준
- 와인의 맛이 한쪽으로 치우치지 않고 조화롭게 느껴지는 것 의미

Bandol [방돌]

- 지중해와 접한 프랑스 남부 프로방스(Provence) 지역의 와인 산지
- 구조감 뛰어난 레드 와인 생산
- 주 재배 품종인 무르베드르(Mourvèdre) 품종은 만생종
- 지중해성 기후의 풍부한 일조량
- 무르베드르 품종으로 양조한 레드 와인은 깊고 진한 색상과 숙성 잠재력 보유
- 그 외 로제 와인과 소량의 화이트 와인도 생산
- 로제 와인은 무르베드르, 그르나슈, 시라 품종 사용

Banyuls [바니우스]

- 남부 랑그독-루시용(Languedoc-Roussillon) 지역에 위치한 산지
- 달콤한 강화 와인(VDN, Vin Doux Naturel)으로 유명

Barrique [바리끄]

- 프랑스 보르도 지방에서 225리터 분량 오크통 지칭
- 바리끄 숙성으로 와인에서 타닌과 바닐라향 등 특성

Barrique

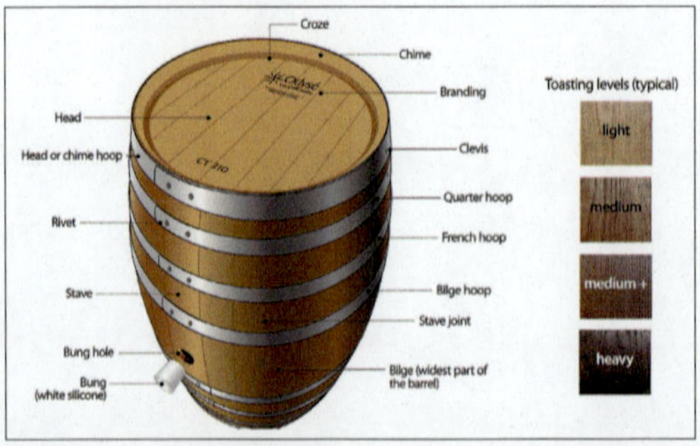

출처: https://glossary.wein.plus/

출처: https://www.sudouest.fr/

Barsac [바르싹]

- 귀부와인으로 유명한 쏘테른(Sauternes A.O.C.)과 인접한 생산 지역
- 바르싹(Barsac)도 동일한 방식으로 디저트 와인 생산
- 주재배 품종은 세미용(Sémillon), 소비뇽 블랑(Sauvignon Blanc),뮈스카델(Muscadelle)
- 아카시아, 꿀, 살구, 감귤류, 견과류 등의 복합적인 아로마

Beaujolais [보졸레]

- 프랑스 부르고뉴(Burgundy) 남쪽에 위치한 산지
- 가메(Gamay)품종으로 과일향이 풍부하고 가벼운 레드 와인 생산
- 매년 11월 세 번째 목요일에 전 세계적으로 진행되는 보졸레 누보 이벤트로 유명
- 보졸레 빌라쥐(Beaujolais Villages)와 크뤼 보졸레 (Cru Beaujolais) 와인은 보졸레 누보에 비해 탄탄한 구조감과 숙성 잠재력 보유

Bergerac [베흐제학]

- 남서부(Sud-Ouest)지역의 도르도뉴(Dordogne)강을 따라 위치한 와인산지
- 고급 와인산지인 보르도(Bordeaux) 인근 위치
- 레드, 화이트, 로제, 디저트 와인 생산지
- 귀부와인 생산자인 샤또 몽바지악(Château Monbazillac)이 유명

Bistro(t) [비쓰트로]

- 서민적인 분위기에서 단순하고 제한된 점심 메뉴나 저녁 메뉴를 제공하는 장소
- 비쓰트로의 기원은 1814년 코작(cossack) 기병들이 빠리에 주둔했을 때 음식점에서 '빨리'라는 뜻의 'bistro'를 외쳤다는 데서 유래함

Blanc [블랑]

- 사전적 의미로 '흰색'을 의미
- 뱅 블랑(vin blanc) 같은 와인 종류 또는 와인 용어로 백포도 품종 지칭

Blanc de Blanc [블랑 드 블랑]

- 백포도 품종으로 만든 와인 의미, 상빠뉴 지방의 스파클링 와인에서 사용
- 특히 샤르도네(Chardonnay)품종으로 만든 발포성 와인을 지칭
- 샤르도네 외에도 다른 백포도 품종을 사용하여 양조하기도 함

Blanc de Blanc

Blanc de Noirs

https://www.wine.com/

Blanc de Noirs [블랑 드 누와]

- 적포도 품종으로만 만들어진 와인으로 샹빠뉴지방의 와인에서 사용
- 피노 누아(Pinot Noir)와 피노 뫼니에(PinotMeunier)같은 적포도로 양조한 발포성 와인

Blancs (Côte des) [꼬트 데 블랑]

- 프랑스 샹파뉴지역의 에페르네(Epernay) 남쪽에 위치하는 샴페인 생산지
- 샤르도네(Chardonnay)로 만든 블랑 드 블랑(Blanc de Blancs) 생산지로 유명

Blanquette de Limoux [블랑께뜨 드 리무]

- 1531년 프랑스 남부 리무(Limoux)에서 생산되기 시작된 발포성 와인의 기원
- 1990년대 블랑께뜨 드 리무(Blanquette de Limoux)로 아오쎄(A.O.C.) 인증
- 16세기에 만들어진 세계에서 가장 오래된 발포성 와인
- 주요 품종은 모작(Mauzac), 샤흐도네(Chardonnay), 슈넹 블랑(Chenin Blanc) 등 사용

Blanquette de Limoux

출처: https://www.winealign.com/

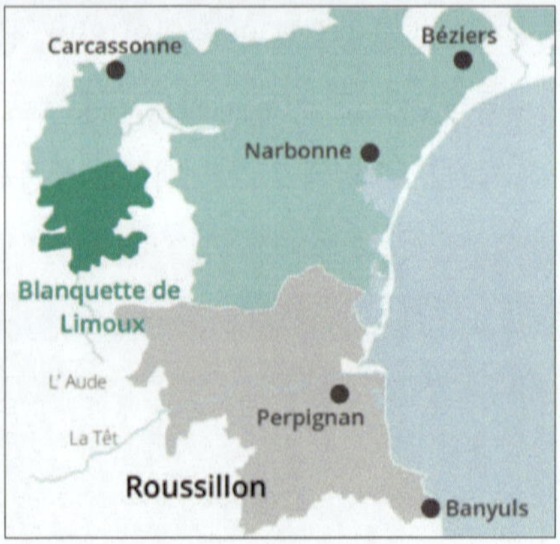

출처: https://blog.ruedesvignerons.com/

Blayais [블레예]

- 프랑스 보르도(Bordeaux) 지역의 지롱드(Gironde) 강의 우안에 위치
- 메를로(Merlot) 품종을 중심으로 블렌딩한 레드 와인과 화이트 와인도 생산

Bonnezeaux [본조]

- 프랑스 루아르 밸리의 꼬또 드 레이온(Coteaux du Layon) 위치한 그랑 크뤼(Grand Cru) 와인 산지
- 슈냉 블랑(Chenin Blanc)품종으로 만든 달콤한 디저트 와인으로 유명
- 본조(Bonnezeaux) 와인은 귀부병에 의해 당도 높은 포도로 양조
- 밝은 황금색에 시트러스한 향, 꿀, 건과일, 열대 과일 아로마
- 높은 당도와 산도로 인해 오랜 숙성 잠재력 보유

Bordeaux [보르도]

- 서쪽으로 대서양과 접하고 내륙에 지롱드강, 도르도뉴강, 가론느강 등이 흐르며 강 유역에 와인 산지 분포
- 남쪽으로 스페인과 접한 피레네 산맥과 가까운 위치
- 유럽의 주요 바다인 대서양과 접한 항구 도시 보르도에서 와인 산지명 유래
- 로마 시대부터 와인 역사 시작
- 과거 육·해상 교통이 발전하지 못한 시절 지리적으로 와인 유통에 유리한 조건 보유함
- 과거 해상무역의 중심 국가이며 세계 최대 와인 소비국이였던 영국 영토로 편입 역사
- 영국으로 부터 받았던 혜택은 보르도 와인 산업 발전에 도움
- 보르도의 면적은 119,000ha로 세계 제일의 고급 와인 생산지
- 총 면적 중 약 80%에서 적포도 품종, 20% 청포도 품종 생산
- 약 57개의 지정된 아오쎄(A.O.C.) 지역에서 생산
- 아오쎄 크기로는 부르고뉴 아오쎄(A.O.C.) 지역의 약 4배
- 남아프리카 공화국과 독일 전체 포도밭 면적과 거의 동일한 규모
- 개인이 소유한 평균 포도밭 면적은 소규모
- 약 13,000개의 와인 생산자 또는 조합이 존재
- 보르도전체 인구의 약 1/6이 와인산업 종사

- 보르도지역은 연간 약 6,800,000 헥토리터의 레드 와인
- 300,000 헥토리터의 화이트 와인
- 200,000 헥토리터의 로제 와인과 소량의 크레망 드 보르도 생산
- 레드와인 주 생산지로, 화이트, 로제, 스위트, 스파클링 와인도 생산
- 보르도는 프랑스 국내 총포도 생산량의 약 16% 차지
- 프랑스에서 가장 규모가 큰 고품질 와인 산지

Bordeaux

출처: https://www.ctcadventures.com/

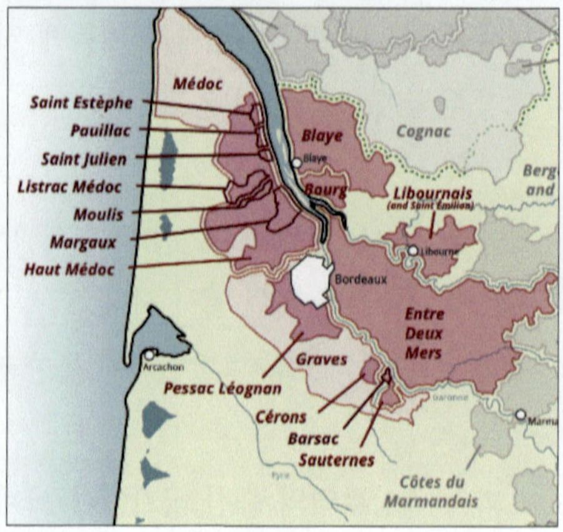

출처: https://vincarta.com/

➔ Bouchage [부샤-쥐]

- 와인을 병에 담을 때 포도주병을 마개로 봉인하는 작업 의미
- 와인의 신선도와 품질 유지에 목적
- 주로 전통적인 방법인 코르크를 사용하거나 편리한 스크류 캡 사용

➔ Bouchon [부숑]

- 코르크 마개 의미로 코르크 외에 유리나 플라스틱이 사용되기도 함

➔ Bouchonné [부쇼네]

- 와인 시음 시에 사용되는 용어로, 와인에서 코르크의 결함으로 인해 발생하는 특정한 냄새나 맛을 의미

- 코르크 결함은 주로 TCA(trichloroanisole) 원인
- 양조시 오염된 도구 사용, 양조장 공기 오염 등 여러 가지 요인에 의해 발생
- 시음 시 눅눅한 종이 박스 썩은 냄새, 곰팡이 핀 지하실 냄새, 적은 낙엽 향, 물 비린 내음, 아세톤향, 개 비린내, 상한 곶감, 걸레 빤 냄새, 하수구 냄새, 유황 젖은 종이, 썩은 나무 냄새 등 표출

➔ Bouquet [부께]

- 부께는 와인의 오랜 숙성 과정에서 형성되는 향
- 아로마(Aroma)는 포도 품종의 특성과 발효 과정에서 생성되는 향 의미 -아로마가 천연적 향이라면 부께는 인공적인 향

➔ Bourgeois (Crus) [크뤼 부르주와]

- 1855년 메독 지역에서 이루어진 그랑 크뤼 등급 분류에서 선정되지 못한 와인 생산자들이 결성한 협회에서 자체적으로 와인의 품질을 관리 평가하고 부여한 등급

➔ Bourgogne [부르고뉴]

- 부르고뉴 와인산지 규모는 보르도 전체 면적의 약 20%
- 로마시대부터 와인 역사 시작
- 부르고뉴 와인산지는 유네스코 문화유산 지정 지역
- 도멘(domaine)이라 불리는 와이너리가 남북으로 길게 분포
- 부르고뉴는 프랑스 샹파뉴, 루아르, 알자스 지역들과 같이 화이트 와인을 주로 생산하는 곳을 제외하고 레드 와인 생산지 중에서는 가장 북쪽에 위치한 지역
- 주요 산지는 샤블리, 꼬뜨 뒤 본, 꼬뜨 드 뉘, 꼬뜨 샬로네즈, 마꼬네 등 산지로 구분
- 서늘한 지역에 위치하여 겨울 추위와 봄 서리 등 예측하기 어려운 기후적 변수가 많은 지역
- 부르고뉴의 포도밭들은 같은 장소에서도 미세한 떼루와 즉, 토양, 지형, 기후 등 와인에 영향을 주는 환경적 요소의 차이로 다양한 스타일의 와인 생산
- 미세한 떼루아 중요성으로 부르고뉴지역 와인은 특정한 포도밭(Cru)을 기준으로 고급 와인 산지를 세부 등급으로 분류

Bourgogne

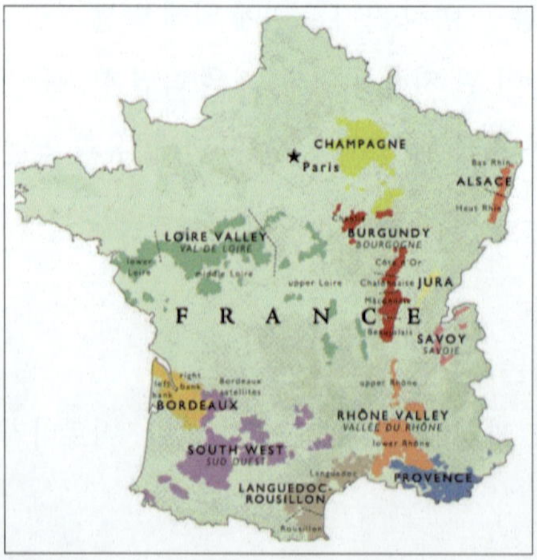

출처: https://www.vinodiversity.com/

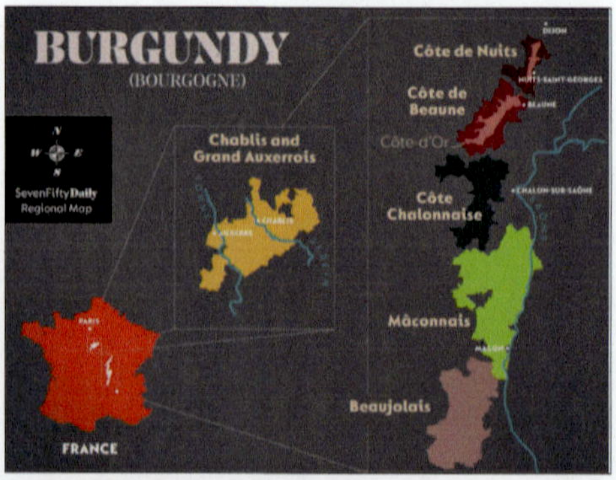

출처: https://daily.sevenfifty.com/

➔ Bouteille [부떼이으]

- 와인을 담아 보관하는 유리병을 의미
- 일반적인 와인병 크기는 750ml 용량
- 와인 병은 보통 자외선으로부터 와인 보호와 변질 방지를 위한 보호를 하기 위해 색깔이 있는 병 제조

➔ Bouzy [부지]

- 샹빠뉴 지역에서 주로 피노 누아 품종을 사용한 샴페인과 부지 후즈(Bouzy Rouge)를 생산
- 그랑 크뤼(Grand Cru) 등급을 받은 샹빠뉴 17개 구역 중 하나

➔ Brouilly [부후이]

- 가메(Gamay)품종으로 만드는 보졸레(Beaujolais) 남쪽 끝 지역에 있는 지정된 10개 크뤼(Cru) 중 하나
- 푸레쉬한 체리나 라즈베리류의 붉은 과일, 바이올렛, 장미 등의 꽃 향 그리고 가벼운 향신료, 미네랄 등이 특징

Brouilly	Beaujolais

출처: https://www.timelesswines.com/

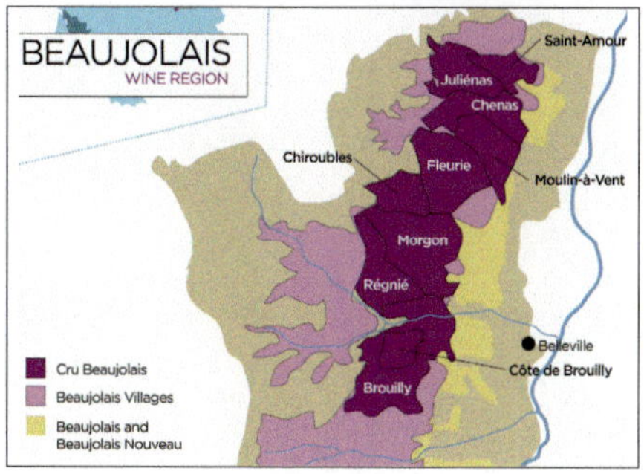

출처: https://winefolly.com/

➔ Brut [브뤼뜨]

- 스파클링 와인의 당도를 묘사하는 용어
- 단맛이 없는 엑스트라 드라이한 경우를 의미
- 1리터당 당분 약 0.6~1.5%를 함유
- 당분을 많이 함유한 스파클링 와인의 경우에는 와인 레이블에 두(Doux)로 표시

➔ Buzet [뷔제]

- 남서부지역 와인산지로 가론(Garonne)강 남쪽에 위치한 산지
- 보르도 스타일 레드 와인 생산지
- 대서양의 영향으로 해양성 기후와 내륙의 대륙성 기후 영향 받음

Buzet

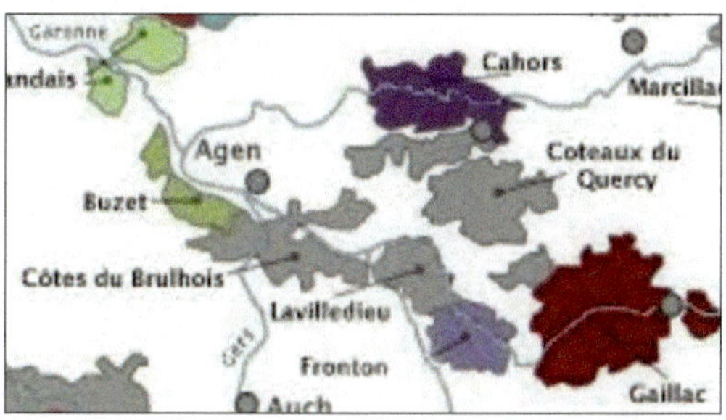

출처: https://aoc35.fr/

출처: https://colnect.com/

C

➔ Cabernet franc [까베르네 프랑]

- 보르도 지역에서 카베르네 소비뇽, 메를로와 함께 블렌딩되는 아로마틱한 품종
- 까베르네 소비뇽(Cabernet Sauvignon)과 유전적으로 가까운 품종
- 미디엄 바디에 부드러운 타닌
- 라즈베리, 블랙커런트, 제비꽃, 피망 향

➔ Cabernet Sauvignon [까베르네 쇼비뇽]

- 전 세계적으로 가장 널리 재배되는 포도 품종
- 풀바디의 풍부함과 뛰어난 숙성 잠재력을 가진 품종
- 블랙커런트, 블랙베리, 자두, 삼나무 향, 피망, 민트, 담배
- 오크 베럴 숙성으로 바닐라와 향신료 등 추가적인 향
- 높은 타닌과 산도 함량은 단단한 구조감 제공

➔ Cabrières [까브히에흐]

- 프랑스 남부 랑그독 루씨용(Languedoc-Roussillon) 지역에 위치한 와인 생산 지역
- 주로 GSM이라 칭하는 그르나슈(Grenache), 시라(Syrah), 무르베드르(Mourvèdre)와 같은 포도 품종을 사용한 레드 와인과 로제 와인 생산

- 까브히에흐(Cabrières)에서 생산되는 와인은 과일 향과 허브, 향신료의 복잡한 맛 특징

Cabrières

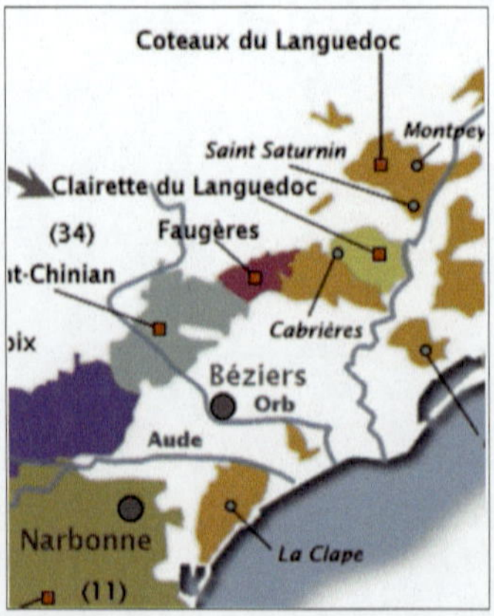

출처: https://www.lafourchetteadroite.fr/

출처: https://www.cellartracker.com/

➔ Cadillac [까디약]

- 프랑스 보르도(Bordeaux) 와인 지역의 아오쎄(A.O.C.) 지역
- 세미용과 쇼비뇽 블랑품종을 블렌딩 스위트한 화이트 와인 생산
- 과일 향과 꽃 향이 뛰어나며, 신선하고 산뜻한 맛이 특징

Cadillac

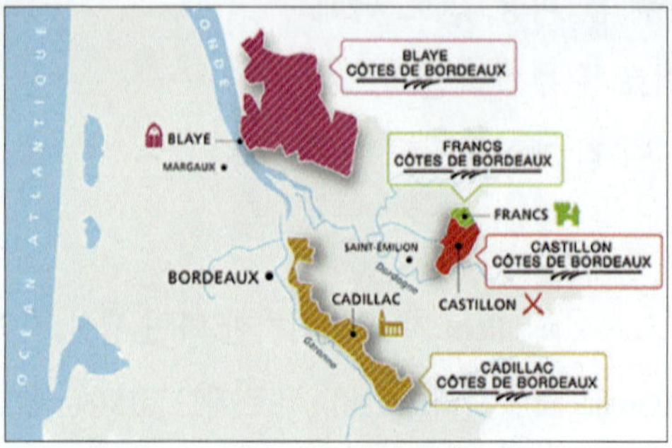

출처: https://jecreemacave.blogspot.com/

출처: http://www.vin-vigne.com/

Cahors [까오]

- 까오(Cahors)는 프랑스 남서부(Sud-Ouest)에 위치
- 말벡 포도 품종으로 강하고 풍부한 풀바디 와인 생산
- 풍부한 검은 과일 향과 함께 장미, 자두, 미네랄 특성
- 오크 숙성 후 바닐라와 훈연향 특징
- 까오는 역사적으로 "블랙 와인(Black Wine)"으로 알려져 있음
- 중세 시대 이후 프랑스 왕실과 귀족 사이에서 음용 전통

Cahors

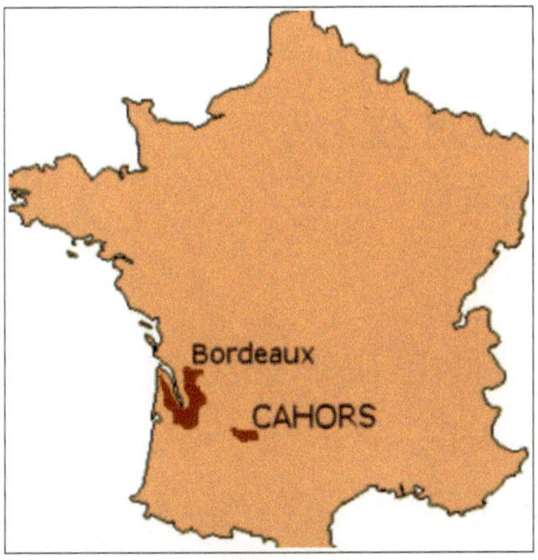

출처: https://wine-pages.com/f

출처: https://www.wine.com/

Canon Fronsac [까농 프롱싹]

- 프랑스 보르도 우안 지역에 있는 아오쎄(A.O.C.) 지역
- 주로 메를로와 카베르네 프랑 품종을 중심으로 만든 레드 와인 생산
- 짙은 색상의 남성적인 맛과 탄닌과 산도의 균형이 좋음
- 접근하기 쉬운 가격대 와인 생산

Canon Fronsac

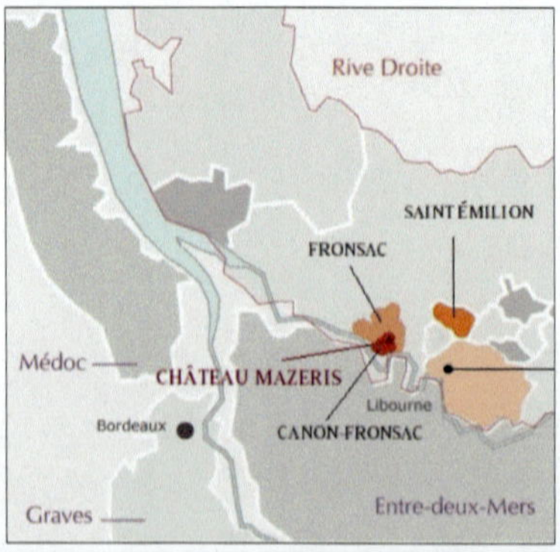

출처: https://chateau-mazeris.com/

출처: https://www.wine.com/

➔ Carafe (vin de) [뱅 드 까라프]

- 와인을 서빙할 때 사용되는 유리로 만들어진 투명한 용기
- 까라프를 사용하는 이유는 와인 병에 가라 앉은 침전물 제거
- 적절히 산소가 접촉되어 와인의 향과 맛 표출 용도

➔ Carignan [까리냥]

- 남부 프랑스와 스페인 등 지중해 지역에서 재배되는 적포도 품종
- 그르나슈(Grenache)나 시라(Syrah)와 블렌딩에 사용
- 색이 짙고 타닌과 산미가 풍부하고 강건한 품종
- 과거 저품질 와인 이미지에서, 품질 개선을 통해 새롭게 평가받는 품종

➔ Cassis [까시스]

- 까베르네 소비뇽 품종으로 만든 와인에서 자주 보여지는 대표적 아로마
- 블랙커런트와 관련이 있으며 특히 보르도 레드 와인에서 잘 나타나는 특징적 아로마

➔ Cave [까브]

- 와인 저장고 혹은 치즈 숙성을 위한 장소로써 지하 창고
- 와인을 숙성 및 보관되는 동안 이상적 환경 조건 제공

- 와인의 특성을 유지하고 향상시키는 데 중요한 역할
- 와인의 품질을 보존
- 와이너리에서 까브 시설은 중요한 자산
- 와인을 완성시키는 공간으로 활용

➜ Cépage [쎄빠쥐]

- 포도나무 품종을 의미, 종류는 약 8,000여 종이나 양조용 포도품종은 제한적
- 포도나무의 평균 최대 수명은 약 120년
- 오래된 포도나무는 수확량 감소, 세월이 가며 뿌리를 깊고 촘촘히 내려 다양한 종류의 양분을 흡수 복합적인 향 표출

➜ Cérons [쎄론]

- 보르도 와인 지역에서 스위트한 화이트 와인이 생산되는 아오쎄(AOC)
- 세미용, 무스카델, 쇼비뇽 블랑 품종 재배
- 달콤하고 부드럽고 복합적인 과일 향 특징
- 디저트 와인으로 블루치즈나 디저트와 함께 마리아쥐

Chablis

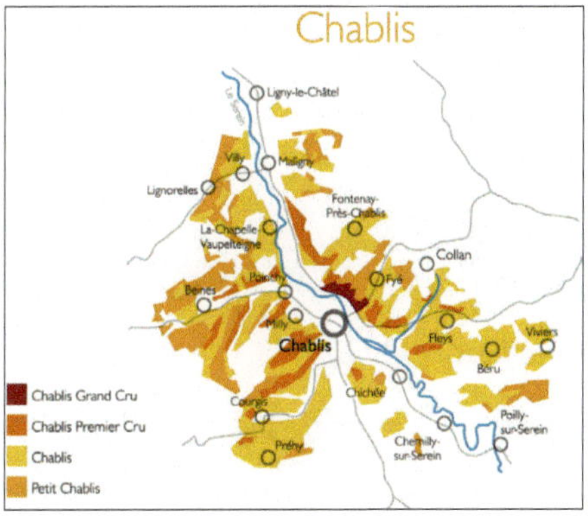

출처: https://www.toutsurlevin.ca/

출처: https://pariswinecompany.com/

➔ Chablis [샤블리]

- 샤블리(Chablis)는 프랑스 부르고뉴의 최북단에 위치한 와인 생산지
- 샹빠뉴 지방에 가깝고, 부르고뉴에서 유일하게 화이트 와인만 생산되는 지역
- 샤르도네 품종 사용
- 깔끔하고 미네랄 느낌의 우아한 와인 생산

➔ Chabrot [샤브로]

- 프랑스 중부 지역 옥시탄(Occitan) 관습
- 수프를 먹은 후 접시에 레드 와인을 추가하여 남은 음식을 희석시키고 마시는 것
- 프랑스 남서부 시골 지역에서 나이 많은 사람들 사이에서 아직도 행해짐

➔ Chai [셰]

- 지하에 위치한 쉐(Chai)는 주로 와인을 양조 또는 저장 숙성시키는 공간 지칭
- 지역에 따라 셀리에(cellier) 또는 퀴브히(cuverie)라는 용어 사용

➔ Chaînette (Clos de la) [끌로 드 라 셰네뜨]

- 프랑스의 오세르(Auxerre)에 위치한 오래된 와인 양조장
- 아오쎄 부르고뉴(A.O.C. Bourgogne) 지정
- 오세르(Auxerre)의 도시 중심에 위치
- 생 제르멘(Saint-Germain) 수도원의 베네딕틴 수도사들이 소유했던 포도원
- 샤르도네와 피노 누아 포도 품종 재배

➔ Chambertin [샹베르탱]

- 부르고뉴 지방의 코트 드 뉘(Côte de Nuits)에 위치한 즈브레 샹베르탱(Gevrey-Chambertin) 마을의 그랑 크뤼 아오쎄(Grand Cru A.O.C.)
- 즈브레 샹베르탱은 꼬뜨 드 뉘 지역 마을 중에서 가장 큰면적을 가진 마을
- 9개의 그랑 크뤼 포도밭 위치
-샹베르탱은 즈브레 샹베 르텡 마을의 최고의 그랑 크뤼 포도밭 중 하나

Chambertin

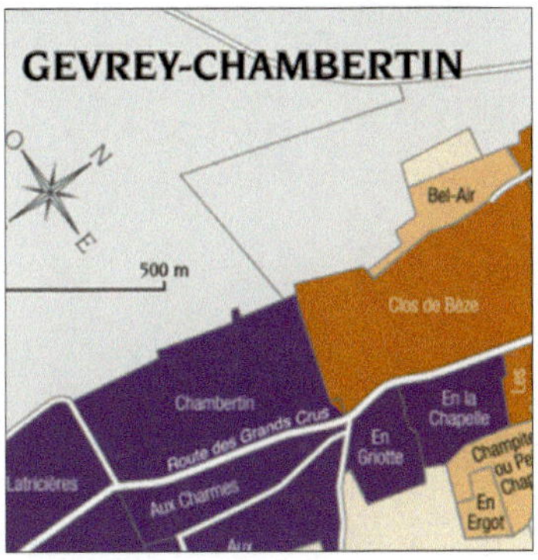

출처: https://chanzy.com/

출처: https://www.wine.com/

Chambolle Musigny [샹볼 뮈지뉘]

- 부르고뉴 코트 드 뉘(Côte de Nuits) 지역에 위치한 마을
- 뛰어난 품질의 피노 누아(Pinot Noir) 와인으로 유명
- 그랑 크뤼 포도밭으로 본 마흐(Bonnes Mares)와 뮈지니(Musigny)가 유명
- 뮈지니 그랑 크뤼 포도밭에서는 레드 와인 및 샤르도네로 만든 화이트 와인 생산

Chambolle Musigny

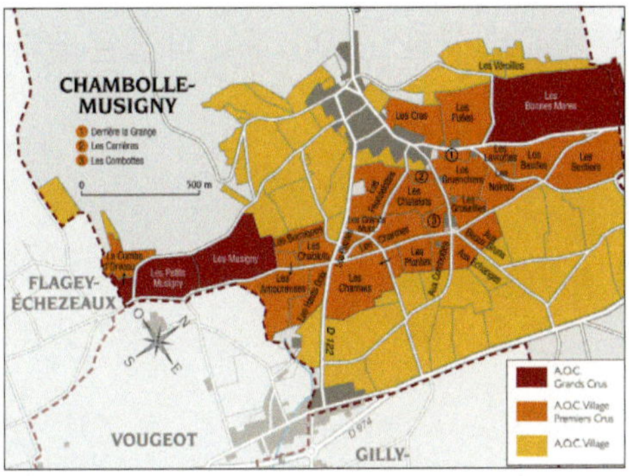

출처: https://www.lapassionduvin.com/

출처: https://pleasurewine.com/

Chambré [샹브레]

- 레드와인을 실내 온도와 같게 하다의 의미로 최적의 온도로 와인을 데우는 것
- 와인을 적절한 온도로 조절 향과 맛이 잘 드러나도록 함
- 와인 샹브헤를 통해 와인의 복합적인 향 표현
- 타닌이 부드럽게 느껴지며, 전체적인 맛의 균형 잡아줌

Champagne [샹빠뉴]

- 샴페인은 프랑스 샹파뉴 지역에서 생산되는 발포성 와인을 지칭
- 적포도 품종인 피노 누아, 피노 뫼니에 그리고 청포도 품조인 샤르도네 등을 사용 다양한 종류의 스파클링 와인 생산
- 샴페인의 특징 중 하나는 기포를 살리기 위해 주로 2가지 종류의 글라스 사용

소서(Saucer) 글라스:

- 입구가 넓고, 길이가 짧아서 기포가 빨리 사라 지는 단점
- 서비스 편의성으로 주로 파티나 축하의 자리에서 사용
- 칵테일 조주시 프라페나 프로즌 스타일의 칵테일에 사용

플루트(Flute) 글라스:

- 입구가 좁고 길어 샴페인의 기포를 오랫동안 유지하는 데 도움
- 소서나 플루트 형태의 글라스 외에도 다양한 변형과 디자인
- 샴페인의 향과 맛을 즐기기 위해서는 플루트 글라스 보다 볼이 더 넓은 글라스를 사용하는 것이 이상적

Champenois (Coteaux) [꼬또 샹프누와]

- 프랑스 샹파뉴(Champagne) 지방에 위치한 생산지
- 로마 시대부터 전통이 있는 지역
- 샴페인으로 유명하지만, 스틸 와인도 생산
- 피노 누아, 피노 뫼니에 그리고 샤르도네 품종 재배

Champagne

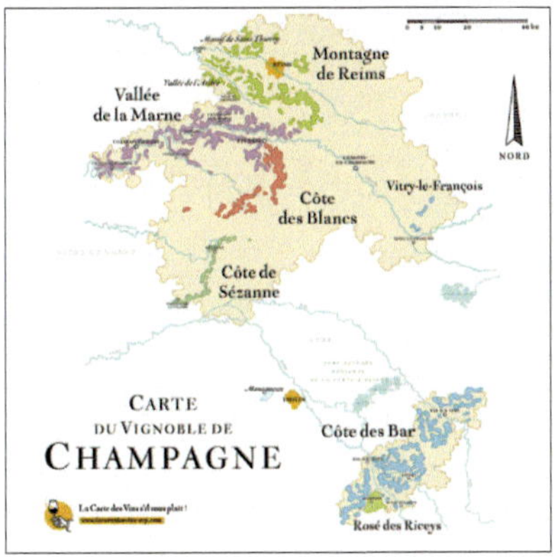

출처: https://blog.lacartedesvins-svp.com/

출처: https://www.veuveclicquot.com/

➔ Champenoise (Methode) [메또드 샹프누와즈]

- 샹빠뉴 지역에서 최상의 품질의 스파클링 와인을 만드는 방식
- 17세기 상파뉴지역의 오빌레(Hautvillers) 수도원의 베네딕틴 수도사들에 의해 개발된 스파클링 와인 제조 방식

➔ Chandelle [샹델]

- 와인 디켄딩에 쓰이는 양초 의미

➔ Chapeau [샤뽀]

- 레드와인 발효 중에 포도즙의 위로 떠올라 막을 형성하는 포도 씨와 껍질 층 지칭

➔ Chaptalisation [샵딸리자시옹]

- 햇빛이 부족한 추운 지역에서 포도의 당도가 부족할 경우에 와인의 알콜 함량을 높이기 위해 설탕, 꿀 등 당분을 보충하여 알콜 함량을 높이는 방법
- 와인 제조 과정에서 발효되지 않은 포도 즙에 설탕첨가
- 기법을 고안한 화학자 장 안투완 끌로드 샵딸(Jean-Antoine-Claude Chaptal)의 이름을 따서 명명

- 쉬크하쥐(sucrage)라고 부르기도 하는 이 기법은 포도에 당분이 충분하지 않은 추운 북쪽 지역에서 허용되는 방법

➔ Chardonnay [샤르도네]

- 프랑스 부르고뉴 지방이 원산지로 어떤 기후에서도 잘 자라는 특성
- 구대륙에서 신세계 와인 생산 지역 이르기까지 넓게 재배
- 서늘한 지역에서는 드라이하고 깔끔한 화이트 와인
- 따스한 지역에서는 열대과일 향에 오일리하고 부드러운 화이트 와인 생산
- 프랑스 부르고뉴 샤블리에서 고품격 와인 생산
- 샴페인을 만드는데 블렌딩되는 주요 품종

➔ Charpenté (Vin) [뱅 샤흐빵떼]

- 강한 탄닌과 구조를 가지고 있는 메독 와인 테이스팅하는 경우 많이 사용되는 용어
- 탄닌, 산도, 알코올, 바디 등의 요소가 잘 조화되어 있고, 와인의 골격이 튼튼한 구조 감이 좋은 와인을 표현 할 때 사용

➔ Château [샤또]

- '성(城)'의 뜻으로 주로 프랑스 보르도 지역에서 많이 쓰이는 용어
- '양조장' 또는 '와이너리'와 같은 의미로 사용
- 보르도 지역에서 성을 가진 소유주가 자신의 포도밭을 가지고 자신의 영토에서 수확과 양조 등 와인 생산의 모든 과정을 한 곳에서 마무리한 장소

➔ Château (mise en bouteilles au) [미장 부떼이으 오 샤또]

- 와인 레이블에서 자주 볼 수있는 문구로, "샤토에서 직접 병입됨"을 의미
- 포도의 재배부터 와인 양조과정, 병입까지의 모든 과정이 샤또에서 이루어졌음을 의미
- 소비자가 품질에 대한 신뢰와 원산지와 생산 과정을 신뢰할 수 있게 하는 문구

mise en bouteilles au Château	Château Margaux

출처: https://www.cellartracker.com/

출처: https://winewordsandvideotape.com/

➔ Cidre [시드흐]

- 노르망디와 부르타뉴 지방에서 사과즙을 발효시켜 만든 사과주
- 알콜 도수는 약 4~7% 정도
- 시드흐는 당도에 따라 스위트하고 저알콜인 시드흐 두 (Cidre doux)
- 적당한 당도를 보이는 시드흐 드미 섹 (Cidre demi-sec)
- 드라이한 맛의 시드흐 브뤼 (Cidre brut)
- 농장에서 직접 재배한 사과로 양조하는 페흐미에(fermier)
- 발포성 시드르인 부셰(bouché)
- 전통적으로 진흙으로 만든 작은 사발 모양의 볼레(bolée)라는 잔에 음용

➔ Clairet [끌레헤]

- 빛깔이 연한 적포도주로 색상은 매우 옅은 루비 레드 색상
- 영국이나 미국에서 보르도 레드와인을 가리키는 별명
- 어원은 불어로 빛깔이 "연한, 맑은" 의미
- 과거에는 보르도 레드와인의 색이 오늘날처럼 진하지 않고 로제와인처럼 분홍색에 가까웠기 때문에 이런 별칭 사용

➔ Climat [끌리마]

- 사전적 의미는 기후이지만 부르고뉴지방에서는 특정 포도밭을 의미
- 특별한 지리적 조건과 경사도, 방향, 토양 등 동일한 테루아(terroir) 조건을 공유하는 제한된 지역
- 미세 기후와 토양 환경의 차이를 극단적으로 세분화한 개념

➔ Clos [끌로]

- 부르고뉴 지역에서 사용되는 용어로 벽이나 담장이 둘러싸인 경계가 명확한 포도밭 또는 포도원 의미

➔ Caudalie [꼬달리]

- 와인을 마신 후 입에 남는 맛과 향의 지속 시간을 나타내는 의미
- 꼬달리는 와인의 깊이와 복잡성을 결정하는 중요한 요소

➔ Condrieu [꽁드리의]

- 프랑스 남부 론 강 좌안에 위치
- 비오니에(Viognier)를 사용하여 풍부한 아로마, 높은 당도의 화이트 와인 생산

Condrieu

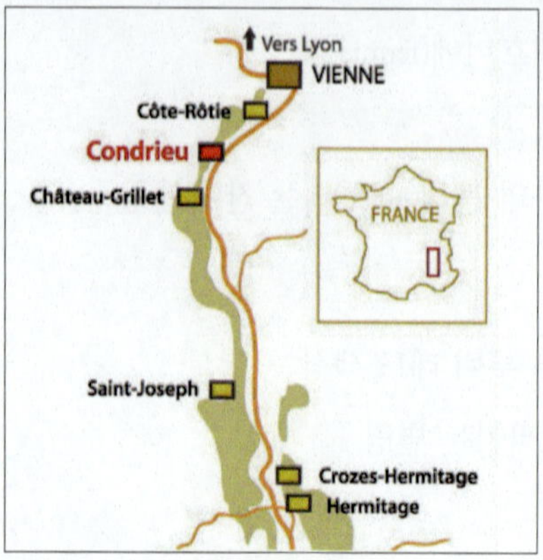

출처: https://www.provencewinezine.com/

출처: https://www.cellartracker.com/

Corbières [꼬르비에흐]

- 프랑스 남부 랑그독-루시옹(Languedoc-Roussillon) 지역에 위치한 와인 생산지
- 약 13,500헥타르의 포도밭
- 랑그독 루시옹 지역에서 가장 큰 아오쌔(A.O.C.) 중 하나
- 레드와인은 그르나슈, 시라, 무르베드르, 까리냥, 등의 포도품종 블렌딩
- 화이트 와인은 마카브(Macabeu), 그르나슈 블랑(Grenache Blanc), 부르블랑(Bourboulenc), 마르산(Marsanne), 루산(Roussanne) 등의 품종 사용

Cornas [꼬흐나]

- 프랑스 론 밸리(Rhône Valley) 북부에 위치한 와인 생산지
- 시라 품종 사용 짙고 어두운 색깔에 강렬한 풀바디의 레드 와인을 생산
- 블랙베리, 블루베리, 자두, 향신료, 후추, 가죽, 타르, 초콜릿 등 아로마
- 풀바디 와인 생산

Côte [꼬뜨]

- 꼬뜨의 사전적 의미는 언덕진 포도밭, 구릉을 의미
- 주로 프랑스 와인 지역에서 사용되며, 와인의 지리적 명칭을 나타냄
- 와인이 어떤 지역의 언덕에서 생산되었는지를 지칭

Côte de Beaune [꼬뜨 드 본]

- 부르고뉴(Bourgogne) 지역의 최고 와인 생산지인 꼬뜨 도흐(Côte d'Or)의 남부에 위치 -꼬뜨 드 뉘(Côte de Nuits)와 함께 부르고뉴 와인의 심장부
- 주생산 품종은 피노 누아(Pinot Noir)와 샤르도네(Chardonnay)
- 석회암과 점토가 혼합된 테루와
- 남향으로 일조량 풍부
- 미네랄 성분이 풍부한 와인 생산

Côte de Beaune

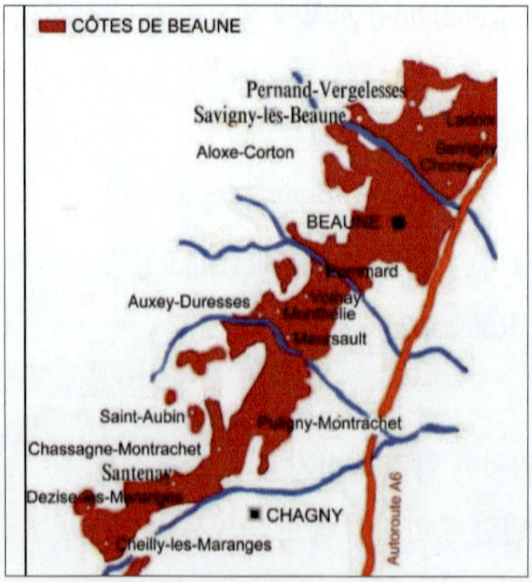

출처: https://www.vinsvignesvignerons.com/

출처: https://www.wine.com/

➔ Côte de Duras [꼬뜨 드 뒤하]

- 프랑스 남서부의 롯 에 가론(Lot-et-Garonne) 지역 위치
- 메를로(Merlot), 카베르네 소비뇽(Cabernet Sauvignon), 카베르네 프랑(Cabernet Franc), 말벡(Malbec) 등 품종으로 레드 와인 및 로제 와인 생산
- 화이트 와인은 소비뇽 블랑, 세미용(Sémillon), 뮈스카델(Muscadelle) 등 사용

➔ Côte de Nuits [꼬뜨 드 뉘]

- 프랑스 부르고뉴 꼬뜨 도(Côte d'Or)지역의 북부에 위치 한 와인 산지
- 피노 누와 단일 품종 사용
- 즈브레 샹베르땡, 본 로마네, 샹볼 뮈지니 등 프랑스 최고의 와인 산지를 포함한 지역

➔ Côte d'Or [꼬뜨 도]

- 레드 와인을생 산하는 북부의 꼬뜨 드 뉘(Côte de Nuits)와 레드와 화이트 와인 모두를 생산하는 남부의 꼬뜨 드 본(Côte de Beaune)으로 구성된 지역

Côte de Nuits

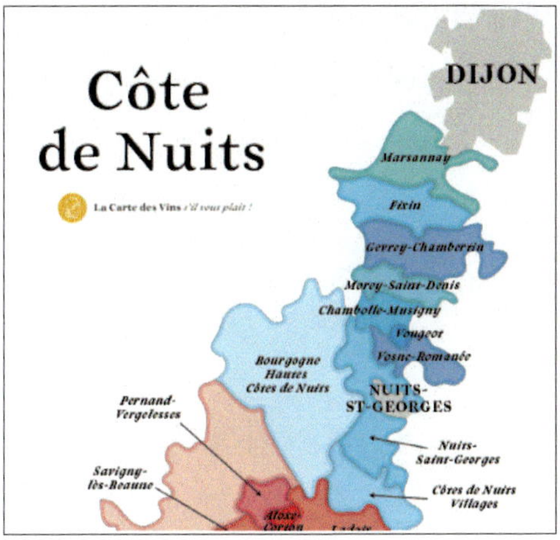

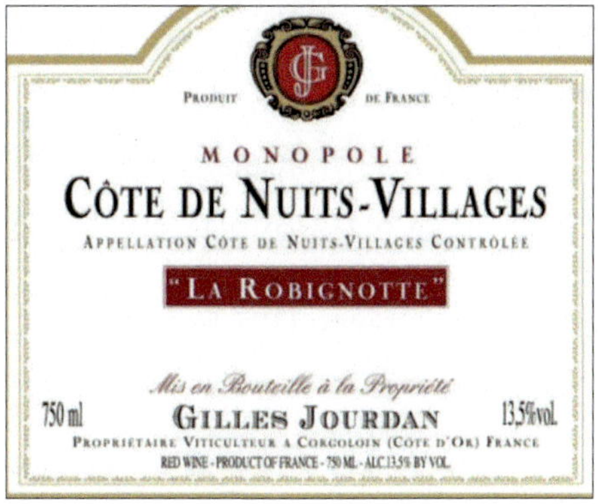

출처: https://blog.lacartedesvins-svp.com/ 출처: https://www.wine.com/

➔ Côte Roannaise [꼬뜨 호아네즈]

- 프랑스 중부 오베르뉴 지역 근처에 위치한 와인 산지
- 가메(Gamay) 품종을 사용한 레드 와인과 로제 와인 생산
- 중부 내륙에 위치해 대륙성 기후

➔ Côte Rôtie [꼬뜨 호띠]

- 프랑스 북부 론(Rhône)지역에 위치한 와인 산지
- 시라 품종으로 강한 탄닌, 블랙 베리, 향신료, 가죽, 스모키한 와인 생산
- 청포도 품종인 비오니에(Viognier) 블렌딩

➔ Côte de Provence [꼬뜨 드 프로방스]

- 프랑스 남동부지역인 지중해와 근접한 와인산지
- 전형적인 지중해성 기후와 풍부한 일조량
- 그르나슈, 생소, 무르베드르, 시라 등 의 포도품종으로 로제 와인 생산
- 꼬뜨 드 프로방스는 로제와인 생산 중심지역

➔ Côte de Saint Mont [꼬뜨 드 생몽]

- 프랑스 남서부 가스코뉴(Gasgogne) 지역에 위치한 와인 산지
- 토착 품종인 타나, 그로 망상, 쁘띠 망상 등으로 레드, 로제, 화이트 와인 생산

➔ Côte du Jura [꼬뜨 뒤 쥐라]

- 프랑스 동부 쥐라(Jura) 산맥에 위치한 와인 산지
- 지역만의 역사성이 있는 다양한 스타일의 와인 생산

➔ Côte du Luberon [꼬뜨 뒤 뤼브혼]

- 프랑스 남동부 프로방스 지역에 위치한 와인 산지로 론 강 남부 위치
- 지중해성 기후로 따뜻하고 건조한 떼루아
- 그르나슈, 시라, 무르베드르, 카리냥 등으로 레드와 로제와인 생산
- 그르나슈 블랑, 루산, 마르산, 베르멘티노 등으로 화이트 와인 생산

Côte du Luberon

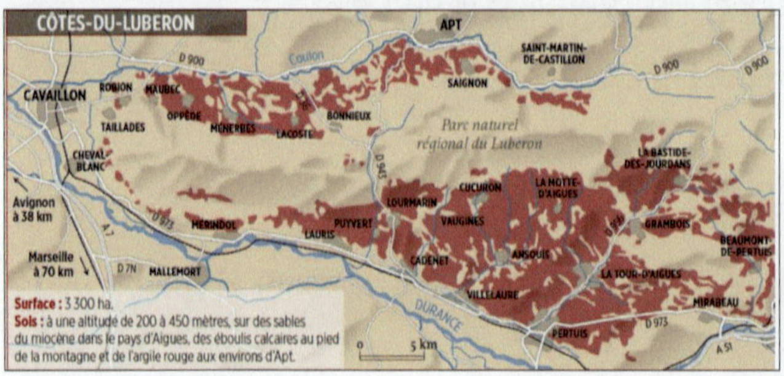

출처: https://www.lepoint.fr/

출처: https://www.cellartracker.com/

➔ Côte du Marmandais [꼬뜨 뒤 마흐망데]

- 프랑스 남서부에 위치한 와인산지로 보르도 동쪽에 위치
- 가론 강 유역에 자리하며, 대서양 기후의 영향을 받아 온화한 기후
- 보르도 품종으로 주로 레드 와인을 생산

➧ Côte du Rhône [꼬뜨 뒤 론]

- 프랑스 남부에 위치한 와인산지
- 중부 도시인 리옹(Lyon)에서 남부 아비뇽(Avignon)까지 남북으로 긴 지형
- 약 71,000ha의 면적으로 프랑스에서 가장 큰 아오쎄(A.O.C.) 중 하나

➧ Côte du Roussillon [꼬뜨 뒤 루시옹]

- 프랑스 남서부의 루시용(Roussillon) 지역에 위치한 와인 산지
- 피레네 산맥(Pyrénées Mountains)과 지중해 사이에 위치
- 생산지는 지중해 도시 페르피냥(Perpignan) 주변에 집중
- 아오쎄(A.O.C.)는 1977년에 공식 지정
- 레드 및 로제 와인을 양조하는 주요 품종은 그르나슈, 시라, 무르베드르, 카리냥 등
- 화이트 와인은 그르나슈 블랑, 마카부, 마르산, 루산느 등 사용

➧ Côte du Ventoux [꼬뜨 뒤 방뚜]

- 프랑스 남부의 론 밸리(Rhône Valley)에 위치한 와인산지
- 강한 미스트랄(Mistral) 바람이 습기를 줄여 포도 성장에 도움
- 1973년에 A.O.C.(Appellation d'Origine Contrôlée)등급 지정
- 레드 와인 및 로제 와인은 그르나슈(Grenache), 시라(Syrah), 무르베드르(Mourvèdre), 카리냥(Carignan), 쌩소(Cinsault) 등 사용
- 화이트 와인 양조에는 그르나슈 블랑(Grenache Blanc),부르불랑(Bourboulenc), 클레레트(Clairette), 루산느(Roussanne), 비오니에(Viognier) 등 사용

➧ Côte du Vivarais [꼬뜨 뒤 비바헤]

- 프랑스 론(Rhône)지역의 남부에 위치한 와인 생산지
- 그르나슈와 시라를 사용한 레드 와인과 로제 와인 생산
- 마르산과 비오니에를 사용한 화이트 와인 생산

Côte du Ventoux	Côte du Vivarais

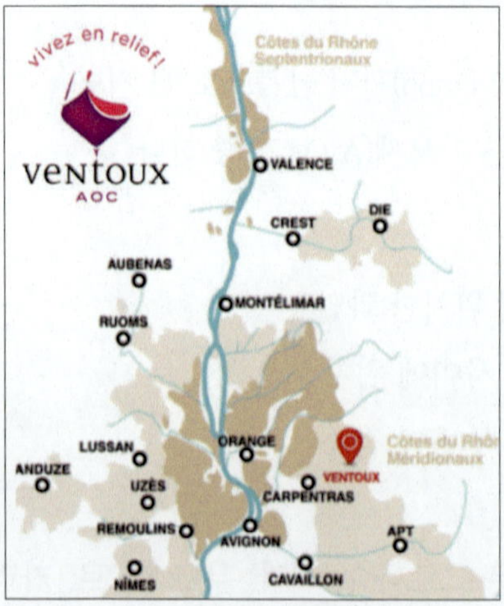

출처: https://vinformateur.com/

출처: https://www.mattwalls.co.uk/

➔ Coupage (vin de) [뱅 드 꾸빠쥐]

- 서로 다른 종류의 와인 원액을 블렌딩한 와인을 칭함
- 와인 제조의 한 기법으로 적절히 사용될 경우 와인의 품질과 일관성을 향상시킬수 있으나, 아오쎄(A.O.C.)와인의 경우 엄격한 규제 적용

➔ Crémant [크레망]

- 부르고뉴, 알자스, 루와르, 쥐라 등 지역에서 만든 발포성 와인

➔ Cru [크뤼]

- 특정 포도원 또는 특정 포도원산 와인을 의미
- 1855년나폴레옹 3세 때 파리 만국박람회를 계기로 지정한 메독과 쏘떼른지역의 와인 등급인 그랑 크뤼 클라쎄는 특정한 포도밭에서 생산한 와이너리 의미
- 당시에 지정된 프르미에 크뤼 크라쎄(premiers crus classés)는 샤또 라피트(Lafte), 무똥(Mouton), 마르고(Margaux), 라투흐(Latour), 그리고 오브리옹(Haut-Brion) 등

Cru bourgeois [크뤼 부르주와]

- 1855년 등급에 들지 못한 메독(Médoc)지역의 생산업자들 사이에 협의된 등급

Cru classé [크뤼 클라쎄]

- 프랑스 와인 산지에서 특정 지역의 고품질 와인을 분류하는 용어
- 보르도(Bordeaux) 지역에서 매우 중요한 등급 체계로 사용
- 와인의 품질과 명성을 보증하는 역할
- 주요한 크뤼 크라쎄는 메독 (Médoc) 레드 와인 분류, 소테른(Sauternes) 스위트 와인 분류, 생테밀리옹 (Saint-Émilion) 분류, 보졸레 크뤼(Beaujolais Crus) 등

Cuvaison [뀌베종]

- 레드 와인 발효과정 과정에서 포도 껍질, 씨앗, 줄기 등과 함께 발효되는 시간 지칭
- 이 단계를 통해 와인의 색깔, 향, 맛, 타닌의 추출에 영향

Cru classé

출처: https://wineguide.wein.plus/

Cuve

출처: https://www.staes.com/

Cuve [퀴브]

- 발효과정에서 사용되는 통과 탱크를 지칭

Cuvée [퀴베]

- 한 양조통에서 제조된 포도주 또는 통 하나의 분량 의미
- 등급을 표시하는 단어로 사용 혹은 와인 블렌딩 후, 와인의 최종 결과물 지칭
- 이 용어는 양조통, 발효통을 의미하는 퀴브(cuve)에서 유래

Tête de cuvée [떼뜨 드 퀴베]

- 와인 생산자의 최상품 의미

D

➔ Décantation, Décantage [데깡따시옹, 데깡따쥐]

- 와인을 원래 병에서 다른 디캔터로 옮기는 과정
- 와인에 산소를 공급해 향을 깨우고 영(young)한 와인의 아로마를 촉진시키는 과정

➔ Décanter [데깡떼]

- 와인을 디캔팅에 사용되는 유리 용기 의미와 와인을 걸르기 위한 동사적 의미

➔ Décuvaison, Décuvage [데퀴베종, 데퀴바쥐]

- 발효가 끝난 후 와인을 포도 껍질, 씨, 줄기 같은 고형물과 발효된 와인을 다른 탱크나 배럴로 분리하여 옮기는 과정

➔ Dégorgement [데고흐쥐망]

- 병 안에서 2차 발효과정을 거치는 샴페인 제조과정의 한 단계
- 첨가한 이스트와 설탕으로 생긴 효모 찌꺼기를 병목으로 모아 병목 부분을 급속 냉각시킨 상태에서 뚜껑을 제거함으로 병목에 모인 침전물을 빼내는 작업

Décanter	Dégorgement

출처: https://www.actu-tv.com/

출처: https://www.champagne.fr/

Dégustation [데귀스따시옹]

- 와인 시음과 테이스팅을 하며, 와인의 맛을 체계적으로 평가 및 감상하는 행위

Dégustation de vin [데귀스따시옹 드 뱅]

- 데귀스따시옹과 동일한 용어

Demi [드미]

- 절반의 양을 뜻하는 단어로 와인 반병 분량을 의미

Demi-bouteille [드미 부떼이으]

- 375ml 용량으로 작은 병은 빠른 숙성과 신선도 유지

Demi-sec [드미 쎅]

- 단맛이 없는 드라이와 스위트 사이의 중간 정도 당도로 약간 단맛이 느껴지는 와인

Domaine [도멘느]

- 소유지, 영지의 뜻. 주로 프랑스 부르고뉴 지방에서 포도원을 이르는 말

Déssert (vins de) [뱅드 데쎄흐]

- 디저트 와인 지칭

➔ Deuxième [드지엠므]

- 두 번째 의미로 메독지역 그랑 크뤼 등급 표현에서 2등급에 지정된 샤또 지칭

➔ Dosage [도자쥐]

- 샴페인 양조의 마무리 단계에서 설탕과 와인으로 구성된 용액인 리쾨르 덱스뻬디시옹(Liqueur d'expédition) 첨가하는 과정 의미
- 이러한 과정을 통해 샴페인의 당도 조정

Dosage	Vins Doux Naturels

출처: https://quintessenceblog.com/	출처: https://www.domaine-martin.com/

➔ Doux [두]

- 스위트한 샴페인으로 샴페인에 리터당 약 50g 이상의 설탕 첨가

➔ Doux naturels (vins) [뱅 두 나뚜렐]

- 프랑스에서 생산되는 강화 와인의 한 종류
- 발효과정에서 당분이 남아있는 상태에서 알코올을 첨가하여 발효 중단
- 주로 프랑스 남부에서 생산되며 그르나슈 블랑(Grenache Blanc), 무스카(Muscat) 등의 품종이 사용되며 랑그독 루시용(Languedoc-Roussillon)이 주요 생산지

➔ Drapeau [드라뽀]

- 부르고뉴에서 사용되는 물을 순환시키는기구
- 이례적으로 더운 해에 부르고뉴에서 널리 사용됨

➔ Dur [뒤흐]

- 맛이 조악하고 너무 시큼하며 과도한 타닌으로 떫은 맛 강한 와인을 일컬을 때 쓰는 용어
- 너무 강한 산도와 알코올은 불쾌함 표출

E

Eau [오]

- 물

Eau-de-vie [오드비]

- 과일을 원료로 하는 증류주 의미, 포도나 와인 부산물로도 증류 -보통 오크통 숙성을 하지 않아 무색의 강한 알코올 증류주

Eau-de-vie de vin [오드비 드 뱅]

- 포도를 원료로 생산한 증류주
- 브랜디의 일종인 코냑(Cognac)이나 아르마냑(Armagnac)의 베이스가 되는 증류주

Eau-de-vie de marc [오드비 드 마르]

- 포도 압착 후 남은 찌꺼기(marc)를 발효시켜 증류한 알코올

Eau-de-vie de lie [오드비 드 리]

- 와인 발효 후 바닥에 가라앉은 지게미(리: lie)를 증류해 만든 알코올

Eau-de-vie de pomme [오드비 드 폼므]

- 프랑스 북부 노르망디 지역에서 생산되는 사과 브랜디

Eau-de-vie de marc	Éclaircissage

출처: https://comptoirprovencal.store/	출처: https://chateaujeanvoisin.fr/

➜ Éclaircissage [에클레흐시사쥐]

- 포도 재배과정에서 미성숙한 포도 송이나 일부 포도알을 제거하는 작업
- 에클레흐시사쥐 과정을 통해 남은 포도의 품질 향상, 수확량 조절 그리고 남은 포도 송이에 포도나무의 양분을 집중시켜 더 좋은 포도를 생산

➜ Edelzwicker [에델즈위커]

- 프랑스 알자스 지역에서 리슬링, 게뷔르츠트라미너, 뮈스카, 피노 그리, 피노 블랑 등 여러 품종의 포도를 혼합해 만든 알자스 화이트 와인
- 에델즈위커(Edelzwicker)는 독일어로 "고귀한 섞음"을 의미하며 전통적으로 알자스 지방 농부들이 여러 포도 품종을 함께 심고 수확해 만들던 와인에서 유래
- 저렴한 가격에 편하게 마시기 좋은 스타일의 화이트 와인

➜ Égrappage [에그라빠쥐]

- 와인 제조 과정에서 발효 전 포도송이에서 줄기를 제거하는 과정
- 주로 레드 와인 양조과정에서 진행되며 일부 화이트 와인에도 적용

➜ Élevage [엘르바쥐]

- 알코올 발효 후 와인에 병입되기 전까지의 숙성 기간
- 와인의 풍미, 구조감, 복합미 그리고 숙성 잠재력을 향상시키고 안정화시키는 역할
- 오크통,스테인레스 스틸 탱크, 콘크리트 탱크 등 사용

Égrappage	Entre-deux-Mers

출처: https://www.vins-bourgogne.fr/	출처: https://www.naturopolis.fr/

➧ Élevé (vin) [뱅 엘르베]

- 발효 후 숙성 과정을 거친 와인으로 병입 단계에 도달한 와인을 의미

➧ Élevé en fût [엘르베 앙 퓌]

- 오크통에서 숙성되었다는 의미

➧ Entrée [앙트헤]

- 프랑스에서는 전채(前菜)의 의미

➧ Entre-deux-Mers [앙트흐 두 메흐]

- 프랑스 고급 와인산지인 보르도 지역 내 위치하는 산지로 화이트 와인 주산지
- 앙트흐 두 메흐(Entre-deux-Mers)는 '2개의 바다사이'라는 의미로 가론(la Garonne) 강과 도르도뉴(la Dordogne) 강 사이에 위치하여 지칭함
- 소비뇽 블랑, 세미용, 뮈스카델 등 품종으로 드라이한 화이트 와인 생산
- 앙트흐 두 뫼흐 원산지 통제 명칭(A.O.C. Entre-deux-Mers) 부여 받음

➧ Entreillage [앙트흐이아쥐]

- 샴페인 제조 과정 중 2차 발효를 용이하게하기 위해 샴페인 병을 칸막이에 수평으로 배열하는 작업

➔ Enveloppé (vin) [뱅 앙벨로페]

- 와인 테이스팅 시 사용되는 용어로, 와인의 질감과 구조를 묘사하는 데 사용 -잘 숙성된 레드 와인에서 자주 볼 수 있는 특징
- 크리미하고 부드러운 질감과 실키함

➔ Etiquette [에띠께뜨]

- 와인 병에 붙어 있는 라벨을 의미하며, 와인에 대한 다양한 중요한 정보 제공
- 포함되는 주요 정보는 와인 브랜드명, 생산자,포도 품종, 생산연도, 포도 원산지 및등급, 알코올 함량, 와인 병 용량, 생산자 주소 및 기타 정보 등 표기

➔ Équilibré (vin) [뱅 에퀴리브헤]

- 산도, 당도, 탄닌, 알코올 도수 등 여러 가지 요소가 조화롭게 균형잡혀 있는 상태
- 어느 한 요소가 지나치게 두드러지지 않고 모든 와인의 구성 요소가 서로 보완하며 전체적인 조화를 이룰 때 표현

Estaing	L'Étoile

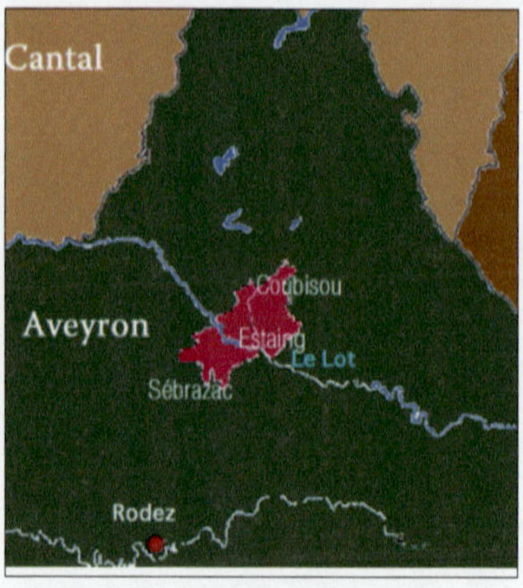

출처: https://www.paris-bistro.com/

출처: https://delectable.com/

➔ Estaing [에스뗑]

- 프랑스 남부 아베이홍(Aveyron) 지방에 위치한 작은 와인 생산 지역

- 1865년 필록세라(phylloxera)가 창궐하기 전까지 와인산지로 융성
- 현재는 프랑스에서 가장 작은 아오쎄(A.O.C.)지정 생산지
- 롯(Lot)강 근처에 위치하고 대륙성 기후와 해양성 기후의 영향
- 토양은 석회질, 운모편암, 점토로 와인에 미네랄리티와 복합적인 풍미
- 10세기 초 에스뗑(Estaing) 백작에 의해 시작
- 포도 품종은 가메(Gamay)와 삐노누와(Pinot Noir) 포도 품종을 재배
- 남서부 지역 와인산지에 속하기에 카베르네 프랑(Cabernet Franc)과 카베르네 소비뇽(Cabernet Sauvignon)등도 사용

➔ Étoile (L') [레뚜왈]

- 프랑스 동부에 위치한 쥐라(Jura) 지방의 중심부에 위치한 생산지
- 샤르도네(Chardonnay)와 사바냥(Savagnin) 품종으로 만든 화이트 와인 유명
- 스모키한 풍미를 가지며 신선하고 생동감 있는 와인 생산
- 쥐라 지방의 특산품인 엘로우 와인인 뱅 존(Vin Jaune)도 생산

➔ Extra Brut [엑스트라 브휘뜨]

- 샴페인의 당도를 나타내는 용어
- 아주 드라이한 샴페인으로 리터당 잔류 당을 0g~ 6g 포함한 샴페인에 표기

Extra Brut

출처: https://www.champagne-mathelin.com/

출처: https://www.champagne-camus-sartore.fr/

F

Faible [페블르]

- 약하고 특성 없는 와인을 표현할 때 사용되는 용어

Faugères [포제흐]

- 프랑스 남부의 랑그독 루시옹 지역에 위치한 와인 산지
- 아오쎄(A.O.C. Appellation d'Origine Contrôlée) 구역
- 그르나쉬, 시라, 무르베드흐, 카리냥 등 적포도 품종 사용
- 균형감과 구조가 뛰어난 스파이시한 레드 와인 생산

Fer [페흐]

- 프랑스 남서부(Sud-Ouest) 지역에서 재배하는 포도품종
- 가이악(Gaillac) 지역이 원산지
- 미디움 정도의 타닌과 비교적 높은 산도를 가진 적포도품종
- 라즈베리, 체리, 미네랄 특징도 표현되는 남서부 지역 품종

Faugères	Fer

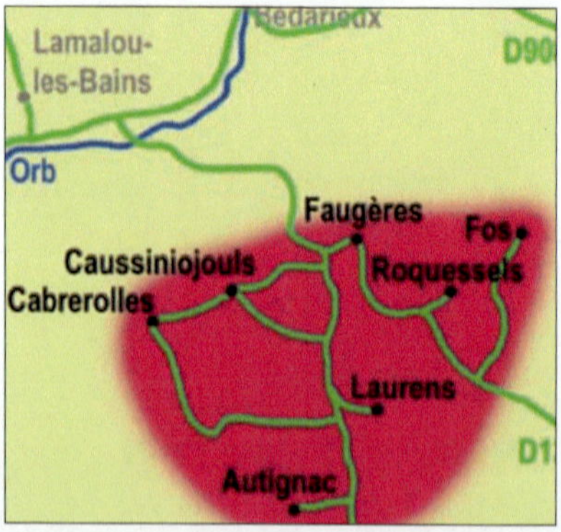

출처: https://www.vins-languedoc-roussillon.fr/

출처: https://avis-vin.lefigaro.fr/

➔ Fermentation alcoolique [페흐망따시옹]

- 효모에 의해서 포도즙 내의 당분이 알코올로 분해되는 과정을 지칭

➔ Fillette [피이으에뜨]

- 375ml 용량의 와인병을 의미하며 드미 부떼이으(Demi-bouteille)라고도 칭함
- 1~2인이 즐기기에 적합한 크기의 병 사이즈로 고가의 와인을 적은 양으로 구매할 때 선호됨
- 개봉 후 보관에 따른 변질에 유리하며 개인용 운반이 편리한 장점

➔ Filtration [필트하시옹]

- 포도즙 또는 와인에서 원치 않은 물질들을 제거하는 과정
- 미생물이나 화학적으로 불안정한 요소들을 제거한 안정화 과정

➔ Filtre [필트흐]

- 와인 제조과정에서 와인의 침전물, 미생물 등을 제거 하는 장치
- 보통 병입 전단계에서 사용되나 발효과정 중에도 사용
- 여과공정은 와인의 풍미와 미세한 구성까지 감소 가능성

Filtrer [필트헤]

- 와인을 맑게 만들기 위해 불순물을 여과하는 과정
- 제거 과정을 통해 와인의 투명도 높임
- 미생물 또는 침전물을 제거와 와인의 안정성 향상

Fin [팽]

- 와인의 품질이 좋은 와인을 표현할 때 쓰이는 용어

Fitou [피뚜]

- 프랑스 남부 랑그독 루시용(Languedoc-Roussillon) 지역의 대표적 레드 와인 산지
- 이 지역에서 최초로 아오쎄(A.O.C. Appellation d'OrigineContrôlée)등급 지정됨
- 탄닌감이 강하고 숙성 잠재력리 좋은 레드 와인 생산
- 주로 사용되는 포도 품종은 까리냥, 그르나슈, 시라, 무르베드르등
- 포도 품종의 블렌딩은 와인에 구조감과 복합성을 부여
- 카리냥은 구조와 산도를, 그르나슈는 탄닌과 과일향, 시라는 스파이시를, 무르베드 르는 색상과 복합적인 맛추가
- 피뚜 레드 와인은 강렬하고 진한 맛과 향이 특징

Fitou	Floc de Gascogne

출처: https://www.cellartracker.com/

출처: https://aux-delices-franco-belges.ch/

➔ Fixin [픽생]

- 프랑스 부르고뉴(Bourgogne)지역의 꼬트 드 뉘(Côte de Nuits)에 북단에 위치한 마을
- 11개의 프리미에 크뤼 (Premier Cru)밭에서 레드 와인과 소량의 화이트 생산
- 대륙성 기후의 영향
- 피노 누아(Pinot Noir) 품종으로 구조감이 좋은 와인 생산

➔ Floc de Gascogne [플록 드 가스고뉴]

- 프랑스 남서부의 가스코뉴(Gascogne) 지역에서 생산되는 전통적인 강화 와인
- 16세기부터 생산되기 시작
- 아르마냑(Armagnac)을 포도즙에 첨가하여 제조한 뱅드 드 리쾨르(vin de liqueur)
- 알코올 도수는 16~18%로 아페리티프나 디저트 와인으로 음용

➔ Folle-Blanche [폴 블랑쉬]

- 코냑(Cognac)과 아르마냑(Armagnac) 같은 브랜디 생산 지역에서 재배되는 품종
- 만생종으로, 산미가 매우 높고 알코올 도수가 낮아 브랜디 생산에 이상적
- 우니 블랑(UgniBlanc)과 함께 증류주를 만들 때 많이 사용
- 일부 생산자들은 이 품종을 사용해 신선한 화이트 와인 생산

➔ Foulage [풀라쥐]

- 포도를 수확한 후 발효 전 포도를 으깨는 과정
- 와인 양조의 초기 과정으로 포도 껍질을 터뜨려 과즙을 추출
- 포도 껍질이 터지며 발효를 촉진

➔ Fourré [푸레]

- 풍부한 글리세린을 함유해 부드러운 감촉의 풍미가 좋은 와인을 의미

➔ Frais [프헤]

- 경쾌한 산도가 있는 심플한 와인을 설명할 때 사용되는 표현

Foulage	Fronsac

출처: https://chateausuau.com/fr

출처: https://www.nataliemaclean.com/

➔ Fronsac [프롱삭]

- 보르도 와인 지역 우안에 위치한 전통적인 와인 생산지
- 메를로(Merlot) 품종을 주 품종으로 사용
- 카베르네 프랑, 소량의 카베르네 소비뇽을 브렌딩
- 진한 칼라와 체리, 자두, 블랙베리 등 과일 향
- 탄닌이 풍부한 구조감있는 와인 생산

➔ Frontignan [프롱띠냥]

- 남부 랑그도크 루시옹 지중해 연안 지역에 위치한 유명한 와인 산지
- 뮈스까(Muscat) 품종을 사용한 달콤한 디저트 와인으로 유명한 지역
- 지중해성 기후로 포도 재배에 유리한 환경을 제공
- 작은 알갱이와 높은 당도가 특징인 뮈스까 아 쁘띠 그랭 블랑(Muscat à Petits Grains Blancs)이라는 품종을 주로 사용
- 1936년 비교적 빠른 시기에 A.O.C. 등급 획득한 전통있는 지역
- 최근에는 드라이한 스타일의 와인도 생산

➔ Frontonnais (Côtes-du-) [꼬뜨 뒤 프롱또네]

- 프랑스 남서부(Sud-Ouest)에 위치한 와인 산지

- 프롱톤 (Fronton)이라는 이름으로도 알려져 있음
- 네그레트(Négrette), 시라(Syrah), 카베르네 프랑(Cabernet Franc), 카베르네 소비(Cabernet Sauvignon), 가메(Gamay) 등 재배
- 따뜻한 여름과 온화한 겨울을 특징
- 토양은 자갈과 점토질

Côtes-du-Frontonnais	Fût

출처: https://www.vinsvignesvignerons.com/

출처: https://www.supertoinette.com/

➔ Fruité [프휘떼]

- 와인 시음에서 과일의 향과 맛이 두드러지게 나타나는 특성을 표현시 사용
- 와인에서 신선함과 생동감을 나타내는 중요한 특성이 있는 경우 사용

➔ Fumé [퓌메]

- 와인 테이스팅에서 '훈제된' 또는 '연기 냄새가 나는' 등 의미 표현
- 연기, 태운 오크, 토스트, 부싯돌 같은 향

➔ Fumé Blanc [퓌메 블랑]

-미국에서 오크통에서 숙성된 소비뇽 블랑으로 만든 화이트 와인을 지칭

➔ Fût [퓌]

- 와인과 브랜디 숙성을 위한 나무통 또는 배럴을 의미하는 와인 용어

G

Gaillac [가이악]

- 가이악(gaillac)산지는 프랑스 남서부(Sud-Ouest) 지역의 아오쎄
- 생산 지역은 툴루즈(Toulouse)시의 북동쪽 탄(Tarn)강 인근에 위치
- 레드, 화이트, 로제, 스파클링 와인 등 다양한 종류의 와인을 생산
- 화이트 와인의 경우 렌드렐(Len de l'el), 모작(Mauzac), 뮈스까델(Muscadelle), 소비뇽 블랑(Sauvignon Blanc)등 품종 재배
- 레드 와인의 경우 뒤라(Duras), 페흐 세르바두(Fer Servadou),시라(Syrah), 메를로(Merlot), 카베르네 소비뇽(Cabernet Sauvignon) 등 재배

Gamay [가메]

- 프랑스 남부 보졸레(Beaujolais)지역에서 재배하는 품종
- 보라색을 띤 가벼우며 약간의 신맛과 후추향, 딸기 향이 특징
- 부르고뉴(Bourgogne)남부의 화산재 토양에서 잘 생장하는 품종
- 신선하며 체리, 라즈베리, 자두 같은 과일 향
- 적당한 산도와 낮은 타닌으로 부드러운 편

- 생산 후 빠른 기간 내에 마시는 와인을 생산
- 저장성의 보졸레 크뤼급(Crus du Beaujolais)도 생산

Gaillac	Gard (Vin de pays du)

출처: https://www.hachette-vins.com/

출처: https://drhmarket.com/

➔ Gard (Vin de pays du) [뱅 드 빼이 뒤 갸흐]

- 로마 시대부터 포도나무를 심어온 오래된 역사와 문화가 깃들어 있는 생산지
- 2009년부터 새로운 원산지 통제 시스템의 하나인 이지빼 빼이 드 가흐(IGP Pays du Gard)로 지정
- 연간 약 300만 헥토리터를 생산
- 남쪽으로는 지중해 바다와 북쪽으로는 중앙산맥인 마시프 쌍트랄(Massif Central)과 접해 있음
- 주요한 레드 와인 블렌딩 포도품종은 그르나슈(Grenache), 시라(Syrah), 메를로(Merlot), 피노 누아(Pinot noir), 카베르네 소비뇽(Cabernet sauvignon), 카베르네 프랑(Cabernet franc), 무르베드르(Mourvèdre), 카리냥(Carignan), 생소(Cinsault)등
- 화이트 와인용 품종은 샤르도네(Chardonnay), 슈냉블랑(Chenin Blanc), 소비뇽 블랑(Sauvignon Blanc), 비오니에(Viognier) 등 재배
- 이지빼 가흐(IGP Gard)와인은 과일향이 강하며, 붉은 과일과 검은 과일의 아로마,

향신료, 감초 등 아로마
- 화이트 와인은 감귤류, 핵과일, 미네랄, 바닐라 향 특징
- 부드러운 질감과 열대 과일의 아로마 제공
- 딸기, 라즈베리, 멜론 향이 잘 나타나는 로제 와인도 생산

➔ Gelée de Vin [즐레 드 뱅]

- 와인을 이용해 만든 젤리로, 와인의 풍미와 향을 그대로 살린 독특한 디저트

➔ Généreux [제네흐]

- '향이 강한' 또는 '풍부한'이라는 뜻으로 아로마가 잘 발달된 와인을 묘사할 때 사용

➔ Gevrey-Chambertin [즈브레 샹베르탱]

- 프랑스 디종에서 남쪽으로 약 12km 떨어진 위치
- 지역에서 최초로 와인 재배를 시작한 마을 중 하나
- 가파른 언덕에 포도원이 분포하고 석회암과 철분이 풍부한 점토 토양
- 피노누와로 귀족적이고 농축된 와인 생산
- 그랑크뤼와 프리미에 크뤼 와인들은 8년에서 25년 정도 장기 숙성이 가능

➔ Gewurztraminer [게브르츠트라미너]

- 이탈리아가 원산지로 독일과 프랑스 알자스 지방에서 많이 재배되고 있는 품종
- 이탈리아 북부의 티롤지역 토착 품종에서 유래
- 재배가 까다로워 많은 양이 생산되지 않으며 알코올이 높고 산도가 낮은 특성
- 낮은 산도와 높은 알코올은 입안을 감싸는 재질감 특징
- 가끔 낮은 산도는 활기 없는 느낌
- 게브르츠 트라미너 품종의 껍질은 약간 핑크색이며 화려한 아로마 소유

Gevrey-Chambertin	Gewurztraminer

출처: https://www.wine.com/

출처: https://www.gastropedia.nl/

➔ Gigondas [지공다스]

- 프랑스 남부 샤토뇌프 뒤 파프(Châteauneuf-du-Pape) 북쪽에 위치
- 처음에는 코트 뒤 론(Côtes du Rhône)으로 분류 후 1966년 코트 뒤 론 빌리지(Côtes du Rhône-Villages)로 재분류
- 1971년에는 자체 명칭을 획득
- 그르나슈 누아, 시라, 무르베드르, 생소 재배
- 와인의 향은 체리, 블랙베리, 자두와 같은 풍부한 붉은 과일 향과 함께 후추, 허브, 가죽, 감초 등의 스파이시한 향이 특징
- 진한 바디감과 높은 알코올 농도가 특징
- 수확된 포도는 주로 전체 송이를 발효시키는 방식으로 양조
- 와인에 타닌과 구조감, 복합성을 증가

➔ Glicérine [글리세린]

- 글리세린은 와인의 자연 발효 과정에서 생성되는 당 알코올
- 와인의 질감과 바디감 공급
- 와인의 산미를 완화시킴

Gigondas	Grand cru

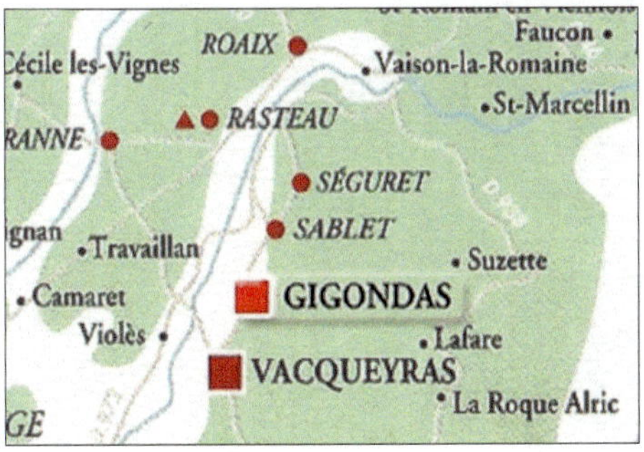

출처: https://wijnalbum.nl/

출처: https://www.wine-tours-france.com/

➔ Goût [구]

- 사전적으로 맛 또는 풍미를 의미
- 와인 시음에 있어 구(goût)는 다양한 요소로 구성
- 코로 맡았을 때 느껴지는 향기인 아로마 (Aroma)
- 입에 머금었을 때 혀에 느껴지는 맛
- 와인을 삼킨 후 입 안에 남는 피니쉬(Finish) 등
- 와인의 맛과 품질 특성을 평가하는 중요한 기준

➔ Grand cru [그랑 크뤼]

- 톡특하고 품질이 뛰어난 원산지
- 순위 등급을 매기는 카테고리로 사용

➔ Grand-Roussillon [그랑 루시옹]

- 프랑스 남서부의 와인산지인 랑그독-루시옹(Languedoc-Roussillon)지역에 위치
- 지중해 기후의 영향을 받은 그랑 루시옹은 아오쎄(AOC)와 유럽 원산지 보호 명칭인 아오뻬(AOP) 모두 지정
- 레드와인은 가넷 색, 붉은 과일, 브랜디, 자두, 라즈베리, 블랙커런트 향이 특징
- 발라스가 좋으며 약간 차갑게 음용
- 로제 와인은 신선한 아로마와 잘 익은 과일 향

- 화이트 와인은 황금색 칼라에 복숭아, 사과, 배, 살구, 열대 망고 향
- 뱅 두 나뚜렐 와인생산
- 칠링해서 차갑게 마시며 와인 숙성이 필요하지 않은 화이트 생산

Grand vin [그랑 뱅]

- 주로 프랑스 보르도에서 사용되는 용어
- 샤또의 가장 잘 알려진 메인 브랜드 와인을 지칭
- 그러나 '그랑 뱅'이라고 불릴 수 있는 와인들에 대한 법적인 규정 없음
- '그랑 뱅'이라는 표기가 와인의 질적인 면과 일치되는 것은 아님
- 저급와인도 상업적 목적으로 표기

Gras [그라]

- 시음시 질감이 부드럽고 입안에 감촉이 오일리하고 농후한 느낌을 보이는 경우 사용

Grand-Roussillon	Graves

출처: https://www.vinsvignesvignerons.com/

출처: https://www.cellartracker.com/

Graves [그라브]

- 그라브(Graves) 지역은 보르도 시의 남쪽, 가론 강(Garonne River) 서쪽에 위치

- 그라브(Graves) 지명은 프랑스어로 '자갈'을 의미하는 단어에서 유래
- 이 지역의 자갈 토양은 물 빠짐이 좋고, 태양열을 잘 흡수하여 포도밭의 온도를 조절하는 역할
- 자갈 외에도 모래, 점토, 석회질 등의 다양한 토양이 혼합되어 있어 다양한 품종 식재되어 블렌딩 와인을 생산
- 레드와인은 주로 카베르네 소비뇽, 메를로, 카베르네 프랑, 프티 베르도 등 사용
- 화이트 와인 양조에는 세미용, 소비뇽 블랑, 그리고 소량의 뮈스카델을 블렌딩하여 사용

➔ Graves de Vayres [그라브 드 바이흐]

- 보르도 우안에 위치하고 있으며, 도르도뉴(Dordogne)강과 가까운 산지
- 아오쎄(A.O.C.)는 바이흐(Vayres) 마을을 중심으로 형성
- 주로 자갈과 모래, 점토가 섞인 토양으로 구성
- 이는 메를로(Merlot), 카베르네 소비뇽(Cabernet Sauvignon), 카베르네 프랑(Cabernet Franc) 등 포도 재배에 이상적인 조건을 제공
- 화이트 와인은 주로 소비뇽 블랑(Sauvignon Blanc), 세미용(Sémillon), 뮈스카델(Muscadelle) 등을 사용

Grenache Noir	Gris (vin)

출처:https://planetwine.co.za/

출처: https://vins-lelievre.com/

Grenache Noir [그르나슈 누와]

- 남서부 프랑스에서 북동부 스페인까지 넓은 지역에서 재배하는 품종
- 스페인에서는 가르나차 띤따(GarnachaTinta)
- 고향은 스페인 북부 아라곤(Aragon)이라는 설이 유력
- 전형적인 특징은 짙은 색상에 높은 알코올, 낮은 산도가 특징
- 레드부터 진하고 풍부한 주정강화와인까지 다양한 스타일의 와인 생산
- 프랑스 남부론(Rhône)의 블랜딩품종 GSM에서 G를 담당하는 품종(G: Grenache, S: Syrah, M: Mourvedre)
- 스페인 리오하(Rioja)에서는 템프라닐료와 블렌딩

Gris (vin) [뱅 그리]

- 뱅 그리(Vin gris)는 회색 와인이란 사전적 의미로 일종의 로제 와인의 변형
- 단기 마세라시옹(macération) 과정을 거쳐서 로제 와인 색상보다 매우 밝음
- 피노 누아(pinot noir) 또는 가메(Gamay) 품종으로 제조
- 회색 포도인 그르나쉬 그리(Grenache Gris) 또는 피노 그리(Pinot Gris)를 양조하여 생산하면 뱅 그리 드 그리(Vin Gris de Gris)

Château Haut-Brion

출처: https://www.larvf.com/

Hautes Côtes de Beaune

출처: https://satchellswines.com/

H

Haut-Brion (Château) [샤또 오브리옹]

- 1855년 나폴레옹 3세때 파리 만국 박람회를 계기로 지정된 프르미에 크뤼 끌라쎄(Premier Cru Classé) 등급을 받은 샤또
- 1855년 당시 최초의 1등급 그랑 크뤼로 지정된 샤토 라피트(Château Lafite), 샤토라투르(Château Latour), 샤토 마고(Château Margaux) 중 유일하게 메독이 아닌 뻬삭레오냥(Pessac-Léognan)지역 와인에서 선정됨
- 보르도시 교외의 작은 마을 뻬삭(Pessac)의 중심부에 포도밭 위치
- 도시 온난화로 인해 서리로부터 보호
- 포도가 조기에 숙성되는 포도밭
- 포도나무의 평균 수령은 30년
- 재배되는 포도 품종은 메를로, 카베르네 소비뇽, 카베르네 프랑, 쁘띠 베르도 등
- 세컨 와인은 르 끌라랑스 드 오브리옹(Le Clarence de Haut-Brion)
- 2007년 빈티지부터 새로 탄생한 이름
- 1935년 샤또를 인수한 끌레랑스 디옹(Clarence Dillon)을 기리기 위해 이전 세컨 와인 이름인 샤또 바앙 오브리옹(Château Bahans Haut-Brion)에서 변경된 것

➔ Haut-Comtat [오 꼼타]

- 베데큐에스(V.D.Q.S.) 등급와인
- 1970년 남부 최대산지인 꼬트 뒤 론 아오쎄(A.O.C.) 등급으로 편입된 와인 산지

➔ Hautes Côtes de Beaune [오뜨 꼬뜨 드 본]

- 고지대에 위치 꼬뜨 드 본(Côte de Beaune)보다 약간 더 서늘한 기후 조건
- 포도를 느리게 성장하게 하여, 와인에 복합성과 산미 더함
- 주로 피노 누아와 샤르도네로 만든 와인 생산

➔ Hautes Côtes de Nuits [오뜨 꼬뜨 드 뉘]

- 프랑스 부르고뉴 산지의 북쪽 꼬뜨드 뉘 (Côtes de Nuit) 서쪽 구릉 지역
- 부르고뉴 와인 등급 중 지역명칭 아오쎄(A.O.C.) 와인 생산
- 평균 해발고도가 높고 일조량이 부족한 북쪽 방향의 포도밭에 분포 산도가 높은 편
- 피노 누아(Pinot Noir)를 사용하며 백포도주는 샤르도네(Chardonnay)와 삐노 블랑(Pinot Blanc)을 사용할 수 있으나 대부분 샤르도네 단일 품종으로 생산

➔ Hectolitre [헥토리트흐]

- 와인 업계에서 중요한 용량 단위
- 1헥토리터는 100리터, 미국기준 약 22갤런 의미

➔ Hérault [에롤]

- 프랑스 남부 랑그독(Languedoc) 지역에 속하는 와인 생산 지역
- 지중해 연안 접하며 전형적인 지중해성 기후에 풍부한 일조량 지닌 와인산지
- 와인 생산량은 30만 헥토리터
- 까리냥(carignan), 생소(cinsault), 그르나슈(Grenache), 시라(Syrah), 무르베드(Mourvèdre)등 품종으로 풀바디 레드 와인과 로제와인 생산
- 그르나쉬 블랑(grenache blanc), 클레렛(Clairinette), 마르산(Marsanne), 루산느(roussanne), 마카베오(maccabeu), 위니(ugni) 등 과일 향이 풍부한 화이트 와인 생산

Hérault	Hermitage

출처: https://www.cellartracker.com/

출처: https://www.vintus.com/

Herbes [에흐브]

- 주로 타임, 로즈마리, 세이지, 민트 등 허브 의미

Hermitage [에르미타주]

- 주로 레드 와인을 생산하며 약간의 화이트 와인 생산하는 아오쎄(A.O.C.)지역
- 코트로티(Côte-Rôtie)와 함께 론 계곡 북부의 대표적인 와인산지
- 위치는 론(Rhône)강과 이제르(Isère)강의 합류지점에 위치
- 가파른 테라스 토양에서 재배
- 주로 화강암 기반의 토양, 일부 지역은 점토와 자갈이 혼합된 토양
- 지중해성 기후의 영향
- 레드와인을 만드는 주요 포도 품종은 시라(Syrah) 품종
- 남성적이고 복합적인 풍미와 타닌감, 산미를 잘 반영
- 화이트는 마르산(Marsanne)과 루산느(Roussanne) 블렌딩
- 아몬드, 아카시아, 자스민, 허브, 미네랄, 꿀, 토스트, 바닐라 등 특징

Honneur (vin d') [뱅 도네흐]

- 사전적 의미는 '명예의 와인'
- 결혼식, 중요한 이벤트에서 저명한 손님을 맞이하기 위한 특별한 리셉션 의미
- 훌륭한 와인과 맛있는 음식의 중요성을 강조되며 행사와 손님에 대한 존중의 표현

Hors d'œuvre	Hybride

출처: https://www.thespruceeats.com/

출처: https://lesclosdemiege.fr/

➔ Hors d'œuvre [오르되브르]

- 전채요리 또는 식전에 가벼운 에피타이저로 앙뜨헤(Entrée)와 유사어
- 두 번의 에피타이저가 나올 경우 먼저 오르되브르가 나오고 다음에 앙뜨레가 나옴

➔ Huileux [위일르]

- 기름을 바른 듯한의 사전적 의미, 유산균에 의해 발생하는 지방병을 앓고 있는 와인

➔ Hybride [이브리드]

- 포도 품종의 꽃을 수정시켜 포도 품종 사이를 교배하여 얻은 교잡종
- 19세기 말부터 필록세라(phylloxera) 퇴치를 위한 유일한 대안
- 유럽산 비니페라(vinifera)종은 질병에 강한 미국 종과 교배

I

➔ Impérial [엠페리알]

- 용량은 6리터로, 표준 750ml 와인병 8병이 들어가는 대용량 크기
- 엠페리알(Impérial) 병은 결혼식, 기념일, 와인 경매 같은 특별한 이벤트에서 사용

➔ I.N.A.O. [이나오]

- 1935년 설립된 프랑스 국립 원산지 명칭 통제 기구(Institut national des appellations d'origine의 약어)
- 산지 등급 지정 와인 등 농산물의 품질 유지와 향상 목적으로 설립

➔ Irancy [이한시]

- 샤블리(Chablis) 남서쪽에 위치한 부르고뉴 지역의 작은 와인 생산지
- 로마 시대부터 포도 재배
- 피노 누아(Pinot Noir)와 와인에 색상과 탄닌을 더해주는 세자르 품종 소량 사용

I.N.A.O.	Irouléguy

출처: https://www.processalimentaire.com/

출처: https://www.visitgastroh.com/

➔ Irouléguy [이룰레귀]

- 남서부 스페인과 접경인 빼이 바스크(Pays Basque)지역에 위치
- 와인 생산의 역사는 산티아고 데 콤포스텔라(Santiago de Compostela)순례와 관련
- 순례자를 위한 와인을 위해 이룰레귀(Irouléguy) 마을의 오래된 교회 주변에 포도나무를 심은 수도사들에 의해 11세기에 형성
- 피레네(Pyrénées) 산맥의 서쪽 경사면 위치
- 대부분의 포도밭이 계단식으로 조성
- 수작업 재배 필요, 포도의 품질을 높이는 데 기여
- 연간 약 5,500 헥토 리터의 와인 생산
- 레드 와인 주산지로 로제 와인와 화이트 와인도 생산

J

➔ Jasnières [자스니에흐]

- 파리 남서부 루아르(Loire)에 위치한 와인 산지
- 슈냉 블랑(Chenin Blanc) 품종 사용하여 섬세한 화이트 와인을 생산
- 석회암, 점토질, 규산질 토양은 와인의 구조감과 복합성 향상

➔ Jersey [저지]

- 프랑스 노르망디 해안에서 약 22km 떨어진 영국령 섬
- 위도 상으로 프랑스 샹빠뉴와 같은 곳에 위치
- 프랑스 품종은 적합하지 못해 독일산 품종 재배
- 드라이 하고 향이 좋은 화이트와인 생산
- 최근의 기후 온난화는 추운 지역인 영국의 와인산업에 긍정적 신호

Jasnières	Jéroboam

출처: https://www.papillesetpupilles.fr/

출처: https://www.vinsetmillesimes.com/

➔ Jéroboam [제호보암]

- 3리터 들이 대용량의 와인 병을 나타내는 용어로 일반 와인병 4병 분량
- 특별한 날이나 행사 등에서 사용
- 이름의 유래는 구약성서에 나오는 이스라엘 왕 여로보암에서 비롯
- 대용량 와인병은 와인의 산화 속도를 늦춰 천천히 숙성되기 때문에 와인의 맛과 향을 섬세하고 복합적으로 발달

➔ Juliénas [줄리에나]

- 보졸레(Beaujolais) 와인 생산 지역에 속한 고급와인 산지인 보졸레 크뤼(Beaujolais Crus) 산지 중 하나
- 가메(Gamay) 포도 품종을 사용하여 레드 와인 생산
- 로마 시대부터 와인을 생산해온 줄리에나 지역명은 로마 황제인 줄리어스 시저(Julius Caesar)에서 유래
- 붉은 과일과 블랙 베리류 아로마, 약간의 향신료와 바이올렛 향이 특징

Juliénas	Jura

출처: https://www.leprogres.fr/

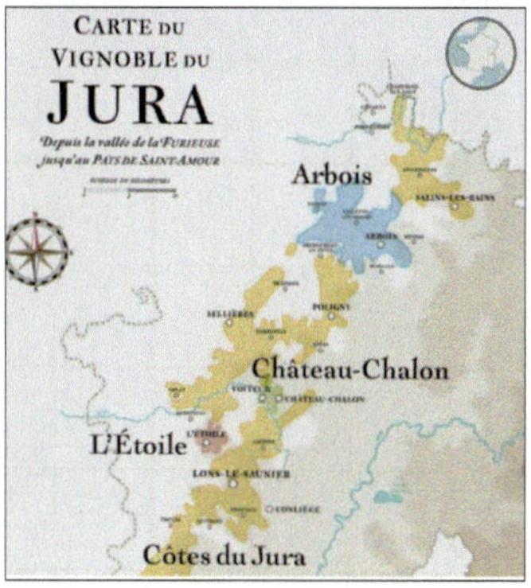

출처: https://www.cartesdesvinsdefrance.fr/

➔ Jura [쥐라]

- 프랑스 동부 스위스 국경 근처에 위치
- 쥐라 산맥 지형과 다양한 미세기후 영향 덕분에 다양한 와인 스타일 생산
- 화이트 와인용으로 사바냉(Savagnin)과 샤르도네(Chardonnay)
- 레드나 로제 와인용으로 뿔사르(Poulsard), 트루조(Trousseau), 삐노누와(Pinot Noir) 등
- 사바냉(Savagnin) 품종으로 만든 엘로우 와인인 뱅존(Vin Jaune)
- 말린 포도로 만든 달콤한 디저트 와인인 뱅 드 빠이(Vin de Paille)
- 샴페인 제조 방식으로 만든 크레망 드 쥐라(Crémant du Jura)
- 쥐라 와인과 증류주를 혼합한 주정강화 와인인 막뱅 뒤 쥐라(Macvin du Jura)

➔ Jurançon [쥐하송]

- 남서부 피레네(Pyrénées) 산맥 기슭에 위치한 와인 생산 지역
- 드라이한 화이트 와인과 달콤한 와인 생산
- 사용되는 품종들은 그로 망상(Gros Manseng)과 쁘띠 망상(Petit Manseng) 품종
- 쥐하송 스위트 와인의 경우 농축된 당도와 복잡한 풍미가 특징
- 포도알이 귀부병에 걸리거나 반건조 상태로 수확되어 농축된 맛 추가
- 쥐하송 무엘르(Jurançon Moelleux)는 지역 특산품인 푸아그라(foie gras), 블루 치즈, 디저트와 마리아쥐(mariage) 추천

K

Kabinett [카비넷]

- 독일의 와인등급 분류 체계인 프레디카츠바인(Prädikatswein)에서 가장 낮은 등급
- 사전적으로 작은 방, 별실의 뜻으로 귀한 와인을 보관하다는 의미에서 일급 포도주
- 포도를 보통 정상적인 수확 시기에 수확하여 양조
- 라이트 바디에 풍부한 과일 향, 신선한 산미 특징

Kir [끼르]

- 프랑스에서 유래된 전통적인 칵테일로 식전주로 제공
- 드라이 화이트 와인과 크렘 드 카시스(crème de cassis) 리큐어를 혼합 조주
- 부르고뉴 지역의 디종(Dijon) 시장이었던 펠릭스 키르(Felix Kir)의 이름에서 유래
- 디종지역 특산품인 블랙커런트 리큐어인 크렘 드 카시스(crème de cassis) 홍보용
- 화이트 와인 대신 샴페인 사용하면 끼르 후와이알(Kir Royal)
- 브르따뉴 지역 사과주인 시드르(Cidre)를 첨가하면 끼르 브르똥(Kir Breton)
- 레드와인을 사용하여 조주한 붉은 칵테일을 까르디날(Cardinal)

➔ Knipperlé [크니뻬흘레]

- 프랑스 북서부 알자스(Alsace) 지역이 원산지인 청포도 품종
- 알자스 지방에서 사라져 가는 전통적인 품종
- 18세기 말 알자스 지역에서 더 널리 재배되었고, 주로 블렌딩용으로 사용
- 현재 아오쎄(A.O.C.) 규정에 포함되지 않음
- 크니뻬흘레 품종은 병충해에 취약해 멸종 위기에 처해 있는 품종

Kabinett

출처: https://www.jjbuckley.com/

Kir

출처: https://www.wickiwackiwoo.com/

L

Lafite-Rothschild (Château) [샤또 라피드 로칠드]

- 보르도의 메독(Médoc)지구의 뽀이악(Pauillac)마을에 위치
- 1855년 보르도 메독지역 와인 공식 등급에서 1등급 그랑 크뤼로 지정
- 포도품종은 카베르네 소비뇽(Cabernet Sauvignon), 메를로(Merlot), 카베르네 프랑(Cabernet Franc), 쁘띠 베르도(Petit Verdot)를 블렌딩

Laland-de-Pomerol [라랑드 드 포므롤]

- 프랑스 보르도(Bordeaux) 지역의 우안에 위치한 와인 산지
- 자갈, 점토, 모래 등이 혼합된 토양
- 메를로 품종을 중심으로 카베르네 프랑, 카베르네 소비뇽 등을 불렌딩
- 부드러운 탄닌과 적절한 산도로 균형 잡힌 구조를 가진 와인 생산

Languedoc [랑그독]

- 랑그독 포도원은 가르(Gard), 에로(Hérault), 오드(Aude) 등의 3개 지역에 분포
- 기원전 5세기 그리스인들이 포도나무를 처음 심음
- 따뜻한 지중해성 기후

- 주요 포도 품종은 시라, 그흐나쉬, 무흐베드흐, 까리냥 등의 적포도 품종 재배 -일부 지역에서는 샤르도네와 소비뇽 블랑 등도 재배
- 랑그독 아오쎄(A.O.C.) 와인은 35,000헥타르의 면적
- 레드, 로제, 화이트, 스위트 그리고 스파클링 와인 생산

Château Lafite-Rothschild	Languedoc

출처: https://winestyle.rs/

출처: https://www.audetourisme.com/

➔ Latour (Château) [샤또 라투흐]

- 고급와인의 상징적 마을인 포이약(Pauillac)에 위치한 와이너리
- 1855년 메독 와인 등급 체계에서 프리미에 그랑 크뤼 클라세(Premier Grand Cru Classé)로 분류
- 약 78헥타르의 포도밭
- 카베르네 소비뇽(Cabernet Sauvignon)을 주로 재배하며, 메를로(Merlot), 까베르네 프랑(Cabernet Franc), 쁘띠 베르도(Petit Verdot)도 소량 재배
- 샤토 라투흐의 와인은 강렬하고 깊이 있는 맛
- 그랑 크뤼로 장기 숙성이 필요한 와인

➔ Layon (Coteau-du-) [로또 뒤 레이온]

- 파리의 서남쪽 루와르(Loire) 위치한 와인 산지
- 늦은 포도 수확으로 스위트한 화이트 와인 생산
- 슈냉 블랑(Chenin Blanc)으로 귀부 와인 생산

Château Latour	Coteau-du-Layon

출처: https://www.encheresducoeur.org/

출처: https://lacavederungis.com/

➧ Léger [레제흐]

- 와인 테이스팅시 알코올 함량이 낮고 바디감이 가벼운 와인
- 상쾌한 느낌을 주며, 타닌이 낮은 라이트 바디 와인
- 숙성되지 않은 영한 타임의 와인으로, 가벼운 음식과 매칭

➧ Levures [르뷔흐]

- 와인 양조에서 핵심적 역할을 하는 효모를 의미
- 당분을 알코올과 이산화탄소로 발효시키는 미생물
- 와인 양조에는 포도 껍질이나 양조장 환경에 존재하는 자연 효모와 배양된 상업용 효모 사용
- 양조 후반부 과정에서 일부 효모는 죽어서 바닥에 가라앉아 리(Lie)를 형성

➧ Lie [리]

- 와인이 발효되거나 숙성되는 동안 생성되는 효모와 다른 고체 물질을 지칭
- 이 찌꺼기는 주로 발효 후 바닥에 가라앉음
- 쉬흐 리(Sur lie)는 찌꺼기와 함께 와인을 숙성시키는 과정 의미
- 와인에 깊은 맛과 복합성 부여
- 샴페인이나 화이트 와인에서 흔히 사용되는 방법
- 이 과정을 통해 와인은 이스트 향과 브리오쉬 같은 향 그리고 견과류 풍미와 부드

러 움을 얻게 됨

➧ Lie de vin [리 드 뱅]

- 포도주 찌꺼기를 의미

➧ Limousin [리무젱]

- 프랑스 중서부지방의 참나무 숲 및 지방명
- 리무젱(Limousin) 참나무 통은 와인 및 브랜디 숙성에 사용
- 이 지역 참나무는 높은 탄닌 함량, 와인이나 브랜디에 강한 구조와 복잡성 부여
- 공간이 넓은 나무 결로 접촉 면적이 넓어 빠르게 숙성
- 와인에 바닐라 빈, 정향, 견과류 향을 더 해주며 구조감 부여

Limousin	Liqueur d'expédition

출처: http://www.correzitude.fr/

출처: https://www.bourgogne-wines.com/

➧ Liqueur (Vin de) [뱅 드 리쾨흐]

- 주정강화 와인의 일종
- 발효 중 오드비 또는 브랜디를 첨가하여 이스트의 발효를 멈추게 함
- 당분이 많이 남아 달콤하면서도 높은 알코올 함량을 가진 뱅 드 리쾨흐 완성

➧ Liqueur de tirage [리쾨흐 드 티라지]

- 샴페인 제조과정에서 와인에 설탕(sugar)과 효모(yeast)를 섞은 혼합물

- 혼합물을 병 안에서 2차 발효
- 이산화탄소가 발생하여 와인에 탄산 생성

➔ Liqueur d'expédition [리쾨흐 덱스페디시옹]

- 데고흐쥐망 후에 샴페인에 추가 보충되는 와인과 설탕의 혼합물
- 샴페인의 단맛 수준을 조정하는 과정

➔ Lirac [리락]

- 프랑스 남부의 론(Rhône) 지역에 위치한 와인 산지
- 로마 시대부터 포도 재배가 이루어진 마을
- 지리적으로는 샤토뇌프 뒤 파프(Châteauneuf-du-Pape)와 근접
- 레드, 화이트, 로제 와인을 생산

➔ Listrac-Médoc [리스트락 메독]

- 보르도 지역 가론강의 좌안에 위치한 와인산지
- 주로 레드 와인을 생산하며, 까베르네 소비뇽, 메를로, 까베르네 프랑 등 블렌딩
- 깊고 풍부한 맛과 함께, 균형 잡힌 타닌과 과일 향이 특징
- 장기 숙성이 가능해 시간이 지남에 따라 풍미 부여됨

➔ Loire (Val de) [발 드 루와르]

- 루아르 밸리(Loire Valley)라고도 표현되는 지역
- 프랑스에서도 대규모 와인 생산 지역 중 하나
- 파리 서남부에서 대서양까지 이어지는 루아르 강을 따라 위치
- 온화한 해양성 기후에서 대륙성 기후까지 다양
- 이 지역은 신선하고 과일향과 미네랄이 풍부한 화이트 와인, 레드 와인, 로제와인 등 다양한 와인 스타일 생산
- 주요 포도 품종은 소비뇽 블랑, 슈낸 블랑, 까베르네 프랑 등 재배
- 부브헤(Vouvray)지역에서 슈냉 블랑(Chenin Blanc)으로 드라이한 와인 부터 스위트 한 와인, 스파클링까지 생산

Crémant de Loire	Lorraine

출처: https://www.winealign.com/

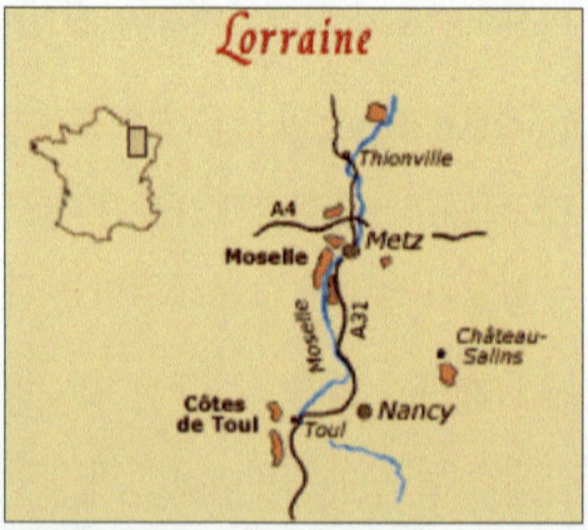

출처: https://www.chateauloisel.com/

➔ Loire (Crémant de) [크레멍 드 루와르]

- 프랑스 루아르 지역에서 생산되는 스파클링 와인
- 주로 슈냉 블랑, 샤르도네, 까베르네 프랑 품종 사용

➔ Loire (Rosé de) [로제 드 루아르]

- 프랑스 루아르 지역에서 생산되는 로제 와인
- 까베르네 프랑, 까베르네 쇼비뇽, 그리고 그홀로(Grolleau) 품종을 사용
- 신선한 과일향과 라이트 바디로 더운 여름철에 많이 소비
- 주로 체리, 딸기, 라즈베리 등의 붉은 과일향과 가벼운 산미의 로제 와인

➔ Lorraine [로렌느]

- 프랑스 파리에서 동부에 위치한 와인 산지
- 독일과 국경인 알자스와 샹빠뉴 지역 사이에 위치
- 로마 시대부터 와인 생산
- 레드 와인은 피노 누아와 가메 품종으로 생산
- 화이트 와인은 샤르도네와 피노 블랑 품종으로 생산

➔ Loupiac [루피악]

- 보르도(Bordeaux) 지역의 디저트 와인 생산지

- 344헥타르의 면적에서 소비뇽 블랑, 세미용 등 품종으로 귀부 와인 생산
- 루피악 지역은 기후가 습해 포도가 귀부병에 걸리기 쉬운 조건
- 귀부병 덕분에 농축된 당분과 산도가 균형
- 꿀, 말린 과일, 복숭아, 무화과, 아카시아, 건포도, 살구 등의 풍미

Lourd [루흐드]

- '무겁다'라는 의미
- 바디감이 무겁고 알코올 함량이 높은 와인

Lussac-Saint-Émillon [뤼삭 생떼밀리옹]

- 보르도 우안지역의 주요 와인 산지 중 하나인 생테밀리옹의 하위 지역
- 주요 포도 품종으로는 부드럽고 과일 향이 풍부한 메를로가 주 품종으로 사용
- 까베르네 프랑과 까베르네 소비뇽을 보조 품종으로 사용
- 미디움에서 풀 바디 와인까지 다양한 스타일의 와인 생산
- 숙성 잠재력이 좋은 와인을 생산하는 지역

Loupiac	Lussac-Saint-Émillon

출처: https://www.cdiscount.com/

출처: https://www.ventanasierra.org/

M

Macération [마세라시용]

- 와인 양조에서 포도즙과 포도 과피, 향미 성분들을 충분히 접촉시키기 위한 중요한 침출 과정
- 레드와인 양조시 포도 과피에 있는 안토시아닌 색소를 최대한 추출
- 와인에 진한 색을 얻기 위한 목적과 추출된 탄닌 성분은 숙성 잠재력에 영향
- 과피에 있는 다양한 향미 화합물은 와인의 아로마를 풍부하게 함
- 레드 와인의 경우 1~4주 정도 오랜 기간 동안 침출
- 로제나 화이트 와인은 짧은 기간 실시

Macération Carbonique [마세라시용 까흐보니끄]

- 레드와인 양조방식의 하나로 주로 보졸레 누조 양조에서 사용되는 방법
- 탄산가스 침용방식은 탄산가스가 가득찬 양조통에 포도를 통 채로 발효

Macération	Mâconnais

출처: https://laccorddivin.fr/

출처: https://www.cellartracker.com/

➔ Mâconnais [마꼬네]

- 부르고뉴 지역의 남부에 위치한 지역으로 화이트 와인 주산지
- 샤르도네 품종을 주로 사용
- 와인 등급은 마콩 전 지역에서 생산한 마꽁 아오쎄(Mâcon AOC)
- 샤르도네 품종을 사용하여 화이트 와인을 생산하는 마꽁 빌라쥐(Mâcon-Village)
- 마꽁에 마을명이 들어가는 마꽁 마을명칭(Mâcon+마을명칭 AOC)
- 푸이 퓌세(Pouilly-Fuisée), 푸이 뱅젤(Pouilly-Vinzliies), 생 베랑(Saint-Véran) 등 마을명 아오쎄(AOC)로 분류
- 2020년 화이트와인 생산지인 푸이 퓌세는 프랑스 국립 원산지 품질 연구소(INAO)로 부터 프르미에 크뤼 공식 승인

➔ Madiran [마디랑]

- 프랑스 남서부 지역의 피레네(Pyrénées)산맥의 북쪽 기슭에 위치한 와인산지
- 타나(Tannat) 품종을 주 품종으로, 카베르네 프랑, 카베르네 소비뇽등을 블렌딩
- 타닌과 산미가 당한 와인으로 구조감과 숙성 잠재력이 있는 와인 생산

➔ Magnum [메그넘]

- 보통 와인 병 크기인 750ml의 2배 용량인 1.5리터 크기의 병
- 대용량의 바틀은 산소의 비율이 낮아 와인을 천천히 균일하게 숙성
- 주로 저장성의 고급 샴페인이나 와인 등 좋은 빈티 지 와인에서 많이 사용

➔ Maigre [메그흐]

- 와인 시음시 힘없고 바디감이 부족한 와인을 표현할 때 사용되는 용어

➔ Maître de chai [메트흐 드 쉐]

- 셀러 마스터(cellar master)

➔ Malvoisie [말브와지]

- 고대부터 유래된 포도 품종
- 그리스의 펠로폰네소스 반도에 위치한 모넴바시아(Monemvasia)에서 기원
- 피노 그리(Pinot Gris)라고도 불리우며 회색과 분홍색 중간의 칼라를 보유
- 현재는 루아르, 알자스, 이탈리아, 포르투갈, 스페인 등 여러 지중해 국가에서 재배
- 스위트한 디저트 와인, 포트 와인, 드라이 화이트 와인, 스파클링 와인 등 다양한 스타일의 와인을 만드는 데 사용

Marc de Bourgogne

출처: https://www.winealign.com/

Margaux

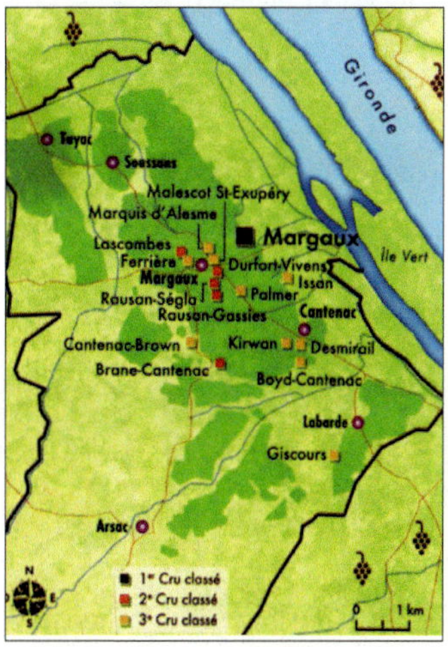

출처: https://dico-du-vin.com/

Marc [마르]

- 포도의 액을 추출한 후 남은 찌꺼기를 의미
- 이 찌꺼기는 포도껍질, 씨앗, 줄기 등을 포함
- 마르(marc)는 브랜드를 제조하는데도 사용
- 브랜디의 한 종류인 마르 드 브르고뉴(Marc de Bourgogne)를 만들 때 사용

Margaux [마르고]

- 메독(Médoc)에 속한 그랑 크뤼 클라세가 있는 마을명 아오쎄(A.O.C)
- 테르와는 자갈과 모래가 혼합된 토양, 배수가 용이하고 포도가 깊게 뿌리를 내림
- 주요한 세빠쥐(Cepage)는 우안의 주품종인 카베르네 소비뇽, 보조 품종으로 메를로, 카베르네 프랑, 쁘띠 베르도 등 재배
- 우아하고 복합적인 향, 브랙커런트, 플럼, 라즈베리, 바닐라, 초코렛, 토스트, 스파이스, 버섯, 오크향이 조화
- 에이징되면서 과일 향은 부드러워 지고 복합적 풍미 발달
- 마을명을 동일하게 사용하는 샤토 마고(Château Margaux)가 있으며 샤토팔머(Château Palmer), 샤토 브란 깐트낙(Château Brane-Cantenac) 등의 그랑 크뤼급 샤또가 위치한 마을

Margaux (Château) [샤또 마르고]

- 1855년 보르도 메독지역 와인 등급에서 1등급(1erGrand Cru)으로 지정
- 보르도 오-메독(Haut-Médoc)지역에 위치한 마르고(Margaux) 마을에 위치
- 주로 사용되는 블렌딩 포도 품종은 카베르네 소비뇽(Cabernet Sauvignon), 메를로(Merlot), 카베르네 프랑(Cabernet Franc), 프티 베르도(Petit Verdot)를 사용
- 세컨드 와인인 파빌리옹 루즈(Pavillon Rouge)와 화이트 와인인 파빌리옹 블랑(Pavillon Blanc)도 생산

Château Margaux **Médoc**

출처: https://www.wine.com/

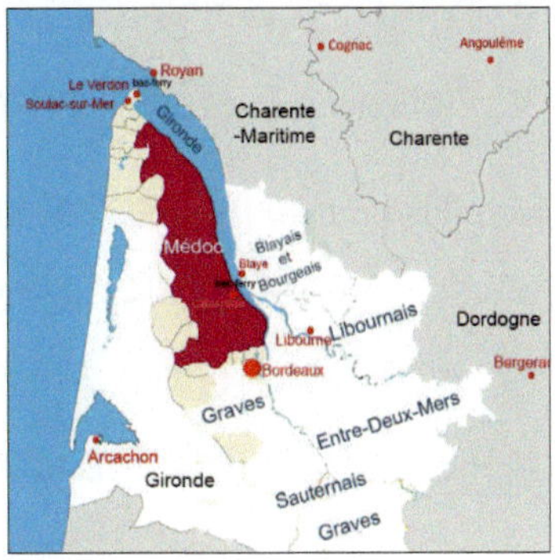

출처: https://www.vignesetvins.com/

➔ Marsannay [마르사네]

- 부르고뉴 지역의 와인 산지인 꼬뜨 드 뉘 지역 북쪽에 속해 있는 지역
- 도멘 비조(Domaine Bizot), 필립 샤흐로팽(Philippe Charlopin), 장 푸흐니에(Jean Fournier) 등 크뤼급 와인 생산자들이 위치한 매력적인 생산지역
- 현재 마흐사네 지역에서는 피노 누와와 샤르도네를 가지고 오랜 생산 전통이 있는 로제 와인 외 화이트, 레드 와인을 모두 생산

➔ Maturation (contrôle de) [꽁트롤 드 마튀하시옹]

- 포도의 성숙도 관리를 의미
- 포도밭에서 정기적으로 포도 샘플을 채취하여 포도의 성숙도를 모니터링하고 조절하는 것

➔ Médoc [메독]

- 보르도 지역의 주요 와인 산지 중 하나로, 지롱드(Gironde)강과 대서양의 사이에 위치해서 메독(Médoc)지명이 사용된 것
- 지롱드 강 좌안에 위치해있는 지역으로 카베르네 소비뇽을 주 품종으로 사용
- 북쪽의 하류에 있는 바메독(Bas-Médoc)과 남쪽의 상류에 위치한 오메독(Haut-Médoc)으로 분류

- 바메독은 아래 메독이라는 의미이기에 보통 메독이라고 칭함
- 오메독에는 생 줄리앙(Saint-Julien), 뽀이악(Pauillac), 생 떼스테프(Saint-Estèphe), 마흐 고(Margaux) 등 보르도 와인을 대표하는 마을명 아오쎄(A.O.C.)가 위치한 지역

➔ Mer (Vins pour la) [뱅 푸드 라 메흐]

- '바다를 위한 와인'이라는 뜻으로, 해산물 요리에 잘 어울리는 와인들을 의미 -보통 산미가 높고 신선하며,라이트 바디의 화이트 와인
- 해산물의 섬세한 맛을 돋보이기 위해 깔끔한 맛을 가진 와인들을 주로 매칭

➔ Mercurey [메흐퀴레]

- 부르고뉴 지역의 코트 샬로네즈(Côte Chalonnaise)에 위치한 아오쎄(A.O.C.)마을
- 프흐미에 크뤼(Premier Cru)밭이 있으며 주로 레드 와인과 화이트 와인을 생산

Mercurey | Meursault

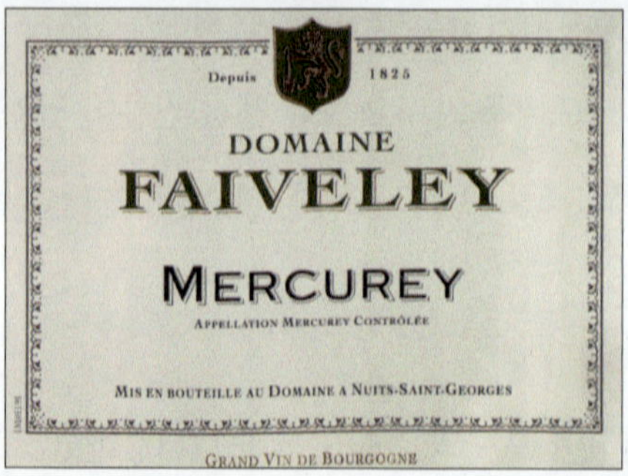

출처: https://winelibrary.com/

➔ Merlot [메를로]

- 보르도 우안 지역 와인 제조에 가장 많이 블렌딩되는 품종
- 구세계 또는 신세계 와인 산지에서 널리 재배되는 적포도 품종
- 까베르네 소비뇽과 비교시 더 부드러운 타닌감과 미디엄에서 풀 바디 느낌에 과일향이 풍부한 적포도 품종
- 특징적인 아로마는 잘 익은 자두, 체리, 블랙베리, 초콜릿, 허브, 약간의 스파이시한 향

➔ Meursault [뫼르소]

- 부르고뉴(Burgundy)지역의 코트 드 본(Côte de Beaune)에 속하는 마을
- 샤르도네(Chardonnay) 품종으로 화이트 와인을 만들지만 적포도 품종인 피노 누와로 레드 와인도 생산하는 마을

➔ Méthode champenoise [메또드 샹쁘누와즈]

- 고급 스파클링 와인은 만드는 전통적인 방법으로 2차 발효가 병 안에서 이루어짐
- 샹파뉴 지역에서 생산되는 모든 스파클링 와인은 이 방법을 사용하여 생산
- 샹파뉴 이외의 지역에서 이 방법을 이용하여 스파클링 와인을 만들면 전통적 방식 의미인 메또드 트라 디시오넬(Méthode traditionnelle) 이라고 명시

➔ Midi (vin de) [뱅 드 미디]

- '남부의 와인'이라는 의미
- 따뜻한 기후와 다양한 토양 조건으로 다양한 스타일의 와인을 생산 ㅅ
- 남부 프랑스는 지중해성 기후로, 풍부하고 과일 향이 강한 와인을 생산
- 주요 품종으로는 시라, 그르나슈, 카리냥, 무르베드르 등

➔ Millésime [밀레짐]

- 포도주의 수확연도(vintage)를 말하는 것
- 매년 포도가 생산되려면 기후의 변화에 따라 기복이 심함

➔ Minervois [미네르부와]

- 프랑스 남부 랑그독(Languedoc)지역에 위치한 와인 산지
- 지중해성 기후로 따뜻 하고 건조한 여름과 온화한 겨울을 가지고 있어 포도 재배에 이상적인 조건
- 재배되는 주요 포도 품종은 시라(Syrah), 그르나슈(Grenache), 무르베드(Mourvèdre) 등 재배
- 이 외에도 카리냥(Carignan), 생소(Cinsault) 등 다양한 품종이 블렌딩
- 아로마와 균형감이 좋은 와인을 생산

Minervois	Mise en bouteille au Chateau

출처: https://www.minervois-caroux.com/ 출처: https://www.wine.com/

➔ Mireval (Muscat de) [뮈스까 드 미흐발]

- 남부의 미흐발(Mireval) 지역에서 생산되는 스위트하고 황금색의 뱅 두 나뚜렐 와인
- 뮈스까 블랑 아 쁘띠 그렝(Muscat Blanc à Petits Grains) 품종을 사용
- 신선한 과일 향, 복숭아, 살구, 시트러스 향이 특징
- 미흐발 마을은 랑그독 루시옹(Languedoc-Roussillon)에 위치

➔ Mise en bouteille au Chateau [미장 부떼이으 오 샤또]

- 프랑스어로 '샤토에서 병입함'의 의미는 포도가 재배되고 수확되어서 양조되어 병입되는 전 과정이 하나의 샤토(Château)에서 이루어 졌다는 의미
- 와인이 특정 지역의 샤토에서 생산되었음을 증명
- 19세기 이전에는 보통 대형 배럴에 담겨 시장으로 운송되어 소비자들이 병입을 직접 하거나 상인들이 병입
- 19세기 중반 보르도 지방에서 와인 병입이 샤토에서 직접 이루어지기 시작
- 1950년대 이후 '샤또에서 병입함'의 문구 표시가 널리 사용되기 시작

➔ Moelleux [무왈르]

- 프랑스어로 '부드러운' 또는 '감미로운'이라는 의미
- 높은 당도의 달콤한 디저트 와인을 지칭

- 주로 세미용, 뮈스카, 소비뇽 블랑 등의 포도 품종으로 제조
- 루아르(Loire) 및 보르도(Bordeaux)등 지역에서 많이 생산

➔ Monbazillac [몽 바지악]

- 도르도뉴(Dordogne) 지역에 위치한 디저트 와인생산지
- 도르도뉴 강 남쪽 기슭에 위치, 포도 밭 인근 강가에서 발생하는 안개가 포도에 귀부병을 촉진시켜, 스위트한 와인을 만드는 데 기여
- 주요 포도 품종에는 세미용, 소비뇽 블랑, 뮈스카델 등 사용

Monbazillac	Montagne-Saint-Émillion
	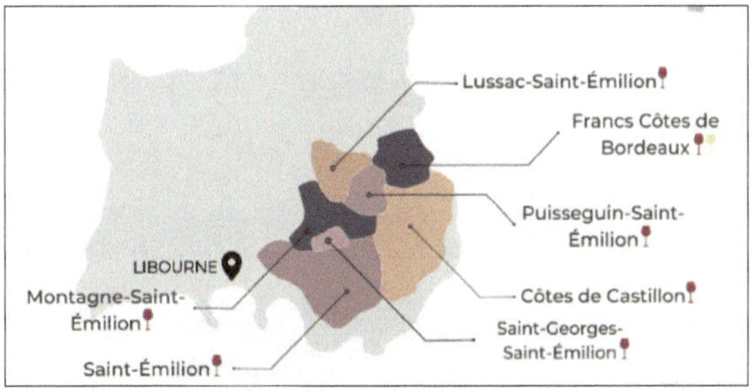
출처: https://www.vivino.com/	출처: https://www.winetourism.com/

➔ Monopole [모노뽈]

- 독점 포도밭을 의미
- 부르고뉴 지방에서 포도밭 전체가 한 와이너리 소유로 되어있는 형태를 지칭

➔ Montagne-Saint-Émillion [몽따뉴 생테밀리옹]

- 보르도지역 우안에 위치한 와인 산지
- 생테밀리옹지구에 속하는 아오쎄(A.O.C.)
- 생테밀리옹의 북쪽에 위치

- 도르도뉴(Dordogne)강 과 접하고 있음
- 토양은 석회질과 점토질이 혼합된 백악토로 구성되고, 전형적인 해양성 기후 영향
- 메를로(Merlot)가 주요 품종으로 재배되며 카베르네 프랑(Cabernet Franc)이 혼합되어 와인에 구조와 복합성을 보완
- 레드 커런트, 야생 딸기, 검은과일, 스파이스, 흙 내음 특징
- 숙성되면서 향신료, 가죽, 훈연향 등 복합적인 아로마 표출

➔ Montagny [몽따니]

- 부르고뉴 지역의 남쪽 끝에 위치한 코트 샬로네즈에 속하는 산지
- 샤르도네(Chardonnay) 포도 품종으로 주로 화이트 와인을 생산
- 석회질 토양은 와인에 미네랄리티와 산도를 부여

➔ Montrachet [몽라쉐]

- 코트 드 본(Côte de Beaune) 지역에 위치한 그랑 크뤼(Grand Cru)급 포도 밭
- 샤르도네(Chardonnay)품종으로 만든 화이트 와인으로 유명

Montrachet	Moulin-à-Vent

출처: https://www.dragee.co.jp/

출처: https://www.cdiscount.com/

➔ Moselle (vin de) [뱅 드 모젤]

- 프랑스 최북단의 와인 생산지
- 토양은 주로 점토 및 석회암으로 구성되며 대륙성 기후의 영향 받음

- 피노 누아, 피노 그리, 가메이 등으로 레드 와인 생산
- 오쎄후와, 뮬러 투르가우, 샤르도네 등으로 화이트 와인 생산

➔ Moulin-à-Vent [물랭 아 방]

- 보졸레 지구의 북쪽은 화강암과 망간이 풍부한 토양으로 구성된 떼루와 영향으로 10개의 마을이 보졸레 크뤼로 지정됨
- 물랭 아 방(Moulin-à-Vent)은 크뤼로 지정된 마을로 가메(Gamay) 품종을 사용
- 강렬하며 구조감과 탄닌이 풍부하고 바디감이 있어 숙성 잠재력이 높은 와인

➔ Moulis [물리]

- 프랑스 보르도 지역의 메독(Médoc) 지역에 위치한 작은 와인 산지
- 메독(Médoc) 지역의 남쪽에 위치해 있으며, 대서양에 인접한 지역
- 주요 포도 품종은 카베르네 소비뇽(Cabernet Sauvignon)을 메인 품종으로 메를로(Merlot), 카베르네 프랑(Cabernet Franc), 쁘띠 베르도(Petit Verdot) 등이 블렌딩
- 탄탄한 구조감, 균형잡힌 산도 그리고 블랙 커런트, 자두, 초콜릿, 바닐라 등의 아로 마가 특징

➔ Mourvèdre [무르베드르]

- 작은 열매에 두꺼운 껍질
- 높은 탄닌으로 숙성 잠재력이 높은 풀바디 와인 생산
- 만생종으로 더운 기후에 잘 견디어 주로 남부 프랑스와 이베리아 반도에서 재배
- 블랙베리, 자두, 가죽, 향신료 향에 때로는 동물적인 향

➔ Mousseux (vin) [뱅 무쓰]

- 3기압 이상의 프랑스에서 만들어진 모든 스파클링와인 총칭하는 명칭
- 제조 방법은 규정없음

➔ Moût [무]

- 와인 양조 과정에서 포도를 압착하여 나오는 포도즙
- 발효 과정에서 효모에 의해 알코올로 변환

Vin Mousseux	Château Mouton-Rothschild

출처: https://www.e.leclerc/

출처: https://www.wine.com/

➔ Mouton-Rothschild (Château) [샤또 무똥 로칠드]

- 보르도지역 우안의 포이약(Pauillac) 마을에 위치한 그랑 크뤼급 와이너리
- 카베르네 소비뇽을 주로 사용 강한 구조와 숙성 잠재력을 가진 와인을 생산
- 깊은 루비색, 검은 과일과 스파이스 향, 복합적이고 긴 여운을 자랑하는 맛이 특징
- 1853년 로칠드 가문에 의해 인수된 후, 일반적으로 승급이 되지 않는 메독 지역 그랑 크뤼 중 유일하게 1973년 2등급에서 1등급으로 승격
- 매년 유명 아티스트가 디자인한 라벨로도 유명

➔ Muscadelle [뮈스까델]

- 다른 뮈쓰까(Muscat) 계열의 포도 품종들과 전혀 다른 품종
- 보르도와 도르도뉴(Dordogne) 지방에서 많이 재배되는 품종
- 보르도에서는 향을 더하기 위해서 쎄미용과 소비뇽 블랑 와인에 블랜딩

➔ Muscat [뮈쓰까]

- 고대부터 재배된 청포도 품종
- 디저트 와인부터 스파클링 와인까지 다양한 스타일로 생산

N

Nantais (pays) [빼이 낭떼]

- 르와르(Loire)지역에 속한 이 지역은 대서양과 가깝고, 주로 화이트 와인 생산지 - 바다에 가까운 기후는 온화하고 습한 해양기후
- 대표 와인으로 강한 산도와 깔끔한 맛, 미네랄이 풍부한 뮈스까데(Muscadet)
- 서늘한 기후에 강한 믈롱 드 부르고뉴(Melon de Bourgogne)포도 품종 사용

Néac [네악]

- 보르도(Bordeaux) 우안지역의 포므롤(Pomerol) 북쪽에 위치한 작은 와인산지
- 메를로(Merlot)품종 기반 레드 와인 생산
- 유명산지인 포므롤과 생떼밀리옹 와인산지와 가까운 거리에 있는 지리적 위치는 네악(Néac)의 와인 품질에 긍정적인 이미지 부여
- 점토와 자갈이 혼합된 구조로 메를로 포도 품종 재배에 적합
- 주요 품종인 메를로 품종 외에 보조적으로 카베르네 프랑(Cabernet Franc)과 약간의 카베르네 소비뇽(Cabernet Sauvignon) 사용
- 주변 유명한 와인 산지에 비해 상대적으로 저렴하여 가격 접근성이 좋은 특성

Néac

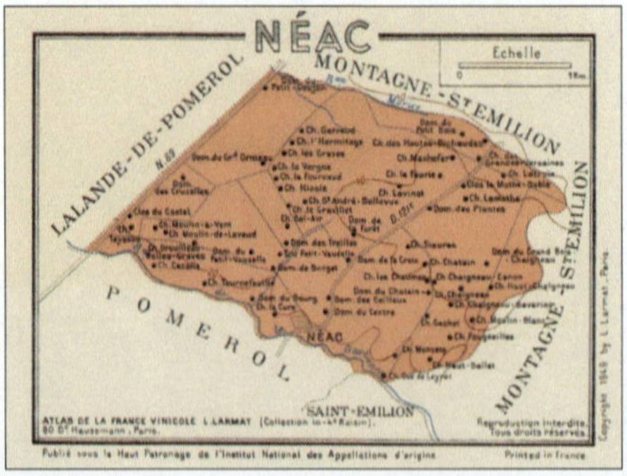

출처: https://www.antiquemapsandprints.com/

Négociant

출처: https://journal-du-vin.com/

➔ Négociant [네고시앙]

- 포도를 구입하여 와인을 제조
- 발효만 끝낸 중간 상태의 와인을 구입하여 제품을 만들어 자신의 브랜드로 판매하는 업자

➔ Nevers [느베흐]

- 프랑스 중부지방의 유명한 참나무 숲
- 고급 와인과 증류주의 숙성에 사용되는 오크통을 만드는 데 사용
- 대륙성 기후로, 추운 기후는 참나무의 느린 성장을 촉진하여 목재가 단단하고 조밀
- 느베흐(Nevers)산 참나무는 결이 촘촘하고 섬세

➔ Nez [네]

- 코라는 후각기관을 이용하여 맡을 수 있는 향과 그 느낌의 총칭

➔ Nouveau (vin) [뱅 누보]

- 햇감자처럼 새로 나온 영 와인(young wine)

➔ Nuit-Saint-Georges [뉘 생 조지]

- 부르고뉴 지방의 코트 드 뉘(Côte de Nuits) 지역의 최남단에 위치한 와인 산지

- 디종(Dijon)과 본(Beaune) 사이에 위치
- 대륙성 기후로 피노 누아 포도 재배에 이상적이며, 소량의 샤르도네도 재배
- 피노 누아 와인은 잘 익은 체리, 붉은 베리류, 향신료, 흙내음, 가죽향이 어우러져 복합적인 풍미와 구조감이 뛰어남
- 뉘생조지(Nuits-Saint-Georges)에는 빌라쥐(Village)급 와인 등급인 마을명칭 와인과 프르미에 크뤼(Premier Cru) 포도밭만 지정

Nez

출처: https://www.vinoptimo.com/

Nuit-Saint-Georges

출처: https://lacavederungis.com/

O

Œnologie [외놀로지]

- 와인 제조 과정과 관련된연구와 기술을 연구하는 학문 분야인 포도주 양조학 의미

Œnologue [외놀로그]

- 와인 제조 과정에서 기술적 지식과 전문 지식을 갖춘 양조 전문 연구가
- 와인양조 조언과 지원, 와인 양조 기술이나 품질 향상을 위한 연구 활동 참여

Œnophile [외노필]

- 포도주 애호가로 와인을 사즐기며 와인에 대한 지식과 경험이 많은 사람

Œnothèque [외노테끄]

- 포도주를 진열해 놓는 와인 저장고 또는 와인 보관소를 의미
- 특히 고급 와인 제조사들이 자사의 최고의 와인을 보관하고 숙성시키는 공간
- 와인들은 저장고의 숙성 과정을 거쳐 더욱 깊고 복잡한 맛과 향을 발휘할 수 있는 와인으로 발전

Œnologie	O.I.V.

출처: https://www.oenologie.fr/	출처: https://presselib.com/

➔ Office international de la vigne et du vin (O.I.V.) [오이베]

- 국제 포도 및 와인 기구
- 포도 및 와인 생산국에 규칙 제정, 무역 장벽 최소화, 지속 가능한 생산 촉진 그리고 소비자를 보호하기 위한 정보를 제공하는데 목적을 가진 기구

➔ Ouillage [우이아쥐]

- 오크 통에서 숙성시킬 때 일명 '천사들의 몫'으로 와인의 일부는 증발
- 남은 공간에 공기와 접촉하면 에탄올은 아세트산으로 변하며 와인은 산화됨
- 와인 변질 방지 수단으로 구멍을 통해 오크 통에 동일한 품질의 와인을 정기적으로 추가하는 것을 의미

P

➔ Paille (vin de) [뱅 드 빠이]

- 쥐라(Jura)와 에르미따쥐(Hermitage)에서 생산되는 스위트 와인
- 아오쎄(A.O.C.)지역인 코트 뒤 쥐라, 아르부아(Arbois) 및 레투알(l'Étoile)에서 생산
- 수확 초기에 사바냉, 샤르도네, 폴사르 품종을 통풍이 잘 되는 공간에서 건조ㅅ
- 약 2~3개월이 지나면 설탕농도가 높아지며 포도의 무게는 반으로 감소
- 연말과 2월 말 사이에 포도를 프레스한 후 스위트 와인 제조

➔ Palette [파레뜨]

- 남부 프로방스 지역의 와인 생산지, 다양한 레드, 화이트,로제 와인을 생산
- 입천장을 가리키는 용어로 사용되며 입천장은 맛을 느끼는 미각 기관 중 하나
- 미각의 발달 정도와 개인의 맛 선호도에 영향을 미치기에 와인의 미각과 관련된 용어로 사용될 때는 와인의 맛과 향의 복합성과 균형을 설명

➔ Passé [빠쎄]

- 시음 절정기가 지난 와인으로 최적의 성숙기를 지나쳤음을 의미
- 산미가 강하거나 변질된 와인으로 품질과 맛이 부정적인 상태인 경우를 묘사

Passerillage [빠쎄히아쥐]

- 빠쎄히아쥐(passerillage)는 공기 중에서 포도를 자연적으로 건조시키는 방법
- 높은 당도과 알코올 함량을 얻기 위해 포도가 포도나무에 남아 있는 동안 자연적으로 말라가는 방식
- 햇볕이나 짚 위에 올려 포도의 수분을 증발시키는 것을 포함
- 이러한 방식은 오래전 근동지역에서 온 방식

Passerillage	Pauillac

출처: https://journal-du-vin.com/

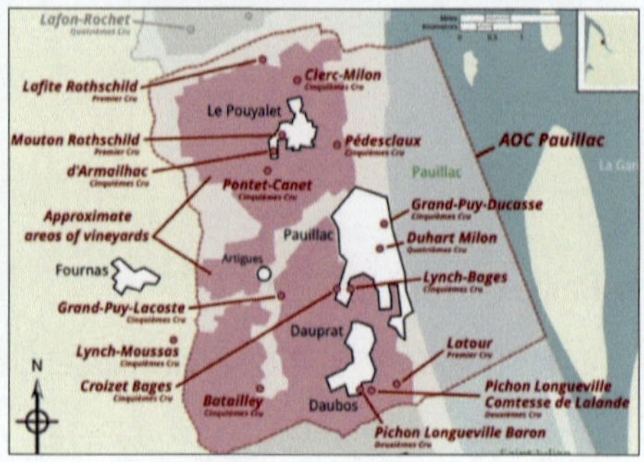

출처: https://elevate.in/

Pauillac [포이악]

- 보르도 메독(Médoc)지역 남단의 오메독지구의 마을명 아오쎄(A.O.C.)
- 지롱드 강(Gironde River)의 좌안에 위치
- 주요 포도 품종은 카베르네 소비뇽(Cabernet Sauvignon), 메를로(Merlot), 카베르네 프랑(Cabernet Franc), 그리고 프티 베르도(Petit Verdot) 등이 식재
- 와인 블렌딩에 카베르네 소비뇽을 주요 품종으로 사용, 와인에 강한 구조와 긴 숙성 잠재력을 제공

Pay (vins de) [뱅 드 빼이]

- 특정된 포도 산지에서 생산된 포도만을 사용하여 양조한 와인
- 뱅 드 빼이(Vin de Pays)는 1968년에 만들어진 규정

- 와인의 최대 수확량, 최소 알코올 도수, 포도 품종에 대한 규칙, 와인 생산에 사용되는 포도의 원산지 및 엄격한 성분 분석 규정 충족이 필수
- 와인 라벨표기는 뱅 드 빼이(Vins de Pays) 다음에 보통 지역명이 표기
- 최고 상위 등급인 아오쎄(A.O.C.)등급 보다는 느슨한 규정
- 레이블 전면에 지역명을 주로 사용하는 전통적 표기 방식 대신 신세계 와인 표기 방식인 포도품종을 전면에 사용하는 것도 허용됨

vins de Pay	Dom Pérignon

출처: https://oldparn.com/	출처: https://johanjohansen.dk/

➔ Pécharmant [뻬샤르망]

- 남서부의 베르제악(Bergerac) 근처에 위치한 작은 와인 생산지
- 철분이 풍부한 모래, 점토 토양, 자갈로 이루어진 테루와
- 메를로, 카베르네 소비뇽, 카베르네 프랑, 그리고 말벡 등을 블렌딩

➔ Pérignon (Dom) [동 페리뇽]

- 샴페인 지역에서 가장 권위 있는 샴페인 하우스 중 하나
- 생피에르 도빌레르 수도원의 소유주인 모엣 샹동(Moët & Chandon)에 의해 상업화 된 샴페인 브랜드

- 베네딕토 회 수도사 돔 피에르 페리뇽(Dom Pierre Pérignon)은 수도원의 와인 저장고에서 샴페인의 발명가
- 샴페인 생산에 혁신적인 기법을 도입하여 현대 샴페인의 아버지로 불리움
- 포도 품종을 혼합하여 만드는 방법을 도입
- 압력에 강한 병, 코르크 마개 사용 등 샴페인의 발전에 기여

➔ Perlant [뻬흘랑]

- 거품이 많지 않은 약발포성 와인
- 탄산이 적당히 존재하면서도 포도의 특성을 잘 살린 와인

➔ Pessac-Léognan [뻬삭 레오냥]

- 보르도(Bordeaux) 지역의 주요 와인 산지인 그라브(Graves)지역을 대표하는 마을
- 보르도 시의 남쪽에 위치, 그라브 지역의 북부에 속함
- 토양은 주로 자갈로 이루어져 있어 배수가 잘되고, 모래와 점토가 혼합된 토양
- 고품질의 레드 와인과 화이트 와인이 생산되는 마을
- 레드 와인을 양조하는 품종은 카베르네 소비뇽, 메를로, 카베르네 프랑, 프티 베르도 등의 품종을 사용
- 화이트 와인은 소비뇽 블랑, 세미용, 뮈스카델을 사용
- 주요 샤토(Châteaux)는 그랑 크뤼 1등급 와인인 샤토 오 브리옹(Château Haut-Brion), 샤토 라 미시옹 오 브리옹(Château La Mission Haut-Brion), 프랑스 출신 교황 클레망 5세(Pape Clément V)의 소유지로 교황 이름에서 유래한 샤토 파프 클레망(Château Pape Clément) 등

➔ Pétillant [페띠앙]

- 적당히 가벼운 탄산을 가진 스파클링 와인을 지칭
- 세미 스파클링(Semi-Sparkling)와인으로 불리우며 20℃에서 1~2.5기압 이상인 와인

➔ Pétrus [페트뤼스]

- 보르도(Bordeaux) 우안의 뽀므롤(Pomerol)에 위치한 와이너리

- 메를로(Merlot) 포도 품종으로만 만들어지며, 과거 빈티지에 따라 까베르네 프랑(Cabernet Franc)이 소량 포함되기도 함
- 포도밭은 철분이 풍부한 점토질 토양으로 구성, 포도 나무에 독특한 미네랄 성분을 제공
- 풍부하고 집중된 과일향, 벨벳 같은 질감, 긴 여운을 특징

Pétrus	Phylloxéra

출처: https://www.christies.com/

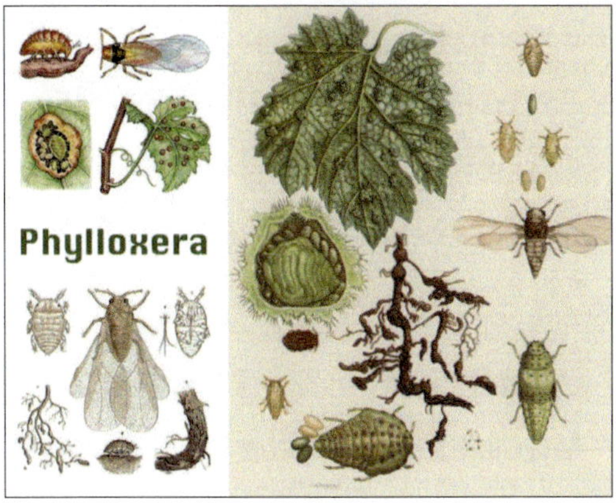

출처: https://viticulturevignoble.fr/

Phylloxéra [필록세라]

- 19세기 말에 미 대륙에서 전파되어 유럽 대부분의 포도밭을 황폐화시킨 진디 벌레
- 피해를 본 포도나무는 이 질병에 면역성이 있는 미국산 포도나무 뿌리로 접목 해결

Pic-Saint-Loup [픽 생 루프]

- 프랑스 랑그독 지역 레드와인 산지로 픽 생 루푸 산에서 산지명이 유래
- G.S.M 품종을 사용하며 강건한 구조와 부드러운 타닌, 산미가 좋은 와인을 생산

Pinot blanc [피노 블랑]

- 과거에는 피노 샤르도네(pinot-chardonnay)라고 불렸던 청포도 품종

- 샤르도네와 피노 품종 계열이 재배되는 부르고뉴에서 혼란의 소지로 1937년에 원산지통제 시스템 도입 후 이름 변경
- 피노 블랑의 잎은 피노 누아 (Pinot Noir)와 피노 그리 (Pinot Gris)의 잎과 유사
- 피노(Pinot) 가족의 화이트 품종 돌연변이
- 현재는 프랑스 알자스(Alsace), 이탈리아 알토 아디제(Alto Adige), 독일, 그리고 오스트리아에서 재배
- 화이트, 스파클링, 디저트 와인 등 다양한 스타일로 제조

➔ Pinot gris [피노 그리]

- 프랑스의 알자스(Alsace) 지역에서 재배되는 백포도 품종
- 이탈리아에서는 삐노 그리지오(Pinot Grigio)로 부름
- 원래 부르고뉴(Bourgogne) 지역에서 유래,피노 누와(Pinot Noir)의 돌연변이

➔ Pinot noir [피노 누와]

- 부르고뉴 지역의 대표 품종으로 프랑스가 원산지
- 추운 대륙성 기후 지역, 서늘한 지역 재배에 잘 적응
- 껍질이 얇으며 탄닌함량이 높지 않고 산도는 높은 라이트 바디와인 제조
- 레드계열 과일의 향이 특징으로 딸기, 체리, 자두 등의 아로마
- 버섯 같은 토양 특유의 향을 복합적으로 느껴질 수 있는 품종
- 부르고뉴 지역, 뉴질랜드, 미국 오레곤주, 독일 등 여러 나라와 지역에서 재배

➔ Pomerol [뽀므롤]

- 보르도 우안에 위치한 뽀므롤(Pomerol)은 점토, 자갈, 모래로 구성된 토양
- 주로 메를로(Merlot) 포도 품종을 사용
- 메를로(Merlot) 품종은 와인에 부드럽고 풍부한 과일향을 지원
- 카베르네 프랑(Cabernet Franc)은 메를로와 블렌딩하여 와인에 구조와 복합미
- 블랙베리, 블랙체리, 자두 등의 과일 향과 함께 초콜릿, 트러플, 허브, 감초 등의 복합적인 향

- 메를로 품종을 사용하여 뛰어난 품질을 보여주는 페트뤼스(Pétrus)와 르 팽(Le Pin) 브랜드가 생산되는 마을

Pomerol

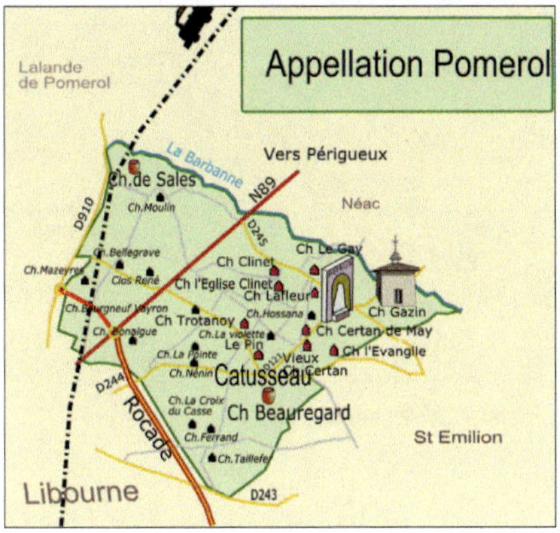

출처: https://www.caruso33.net/

Pinot noir

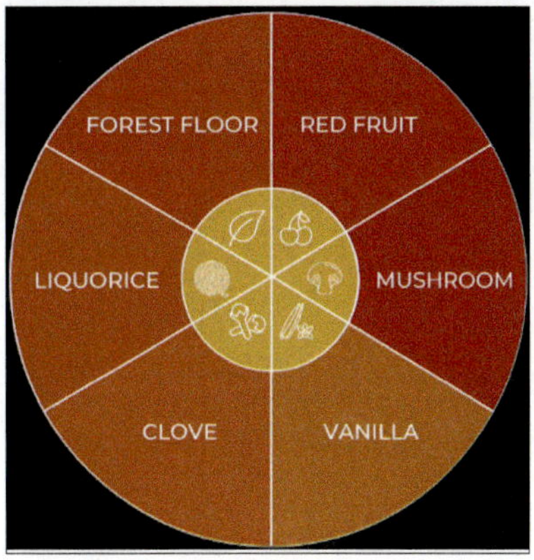

출처: https://alkypal.com.au/

➔ Pommard [뽀마르]

- 부르고뉴 지역의 코트 드 본(Côte de Beaune)에 위치한 마을명칭 아오쎄(A.O.C) -피노 누아(Pinot Noir) 품종으로 레드와인만 생산

➔ Porto [뽀르또]

- 포르투갈의 두로(Douro) 계곡에서 생산되는 주정 강화 와인

➔ Pouilly-Fuissé [프이으 퓌세]

- 부르고뉴(Bourgogne) 지역의 남쪽, 마코네(Mâconnais) 하위 지역에 위치한 와인 산지
- 마을명 아오쎄(A.O.C.) 지정 지역
- 토양은 편암, 사암, 점토, 석회암으로 구성
- 샤르도네(Chardonnay) 포도 품종으로 사과, 배, 시트러스, 복숭아, 견과류, 미네랄 향을 느낄 수 있는 화이트 와인 생산

Pouilly-Fuissé Pouilly-Fumé

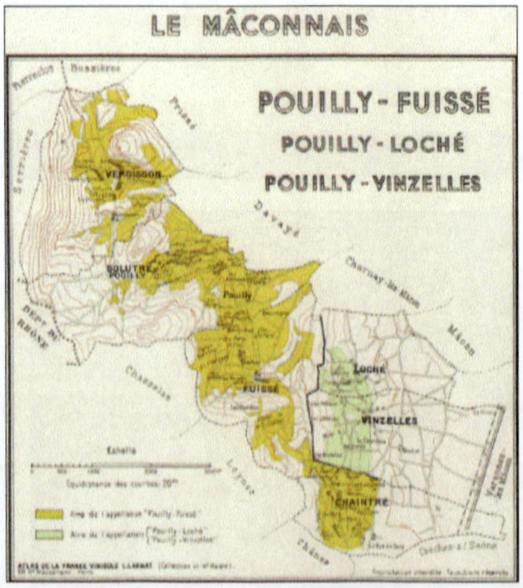

출처: https://www.antiquemapsandprints.com/

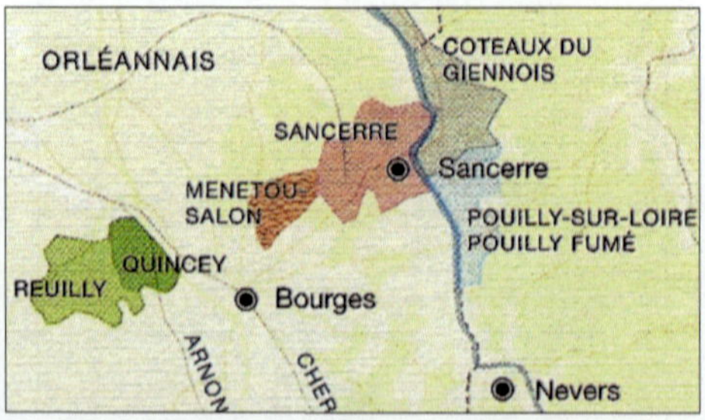

출처: https://wijnalbum.nl/

➔ Pouilly-Fumé [프이으 퓌메]

- 루와르지역 상트르 니베르네(Centre Nivernais) 지구의 마을명칭 와인 산지
- 루아르 계곡의 이 지역에서 소비뇽은 현지에서 블랑 퓌메(Blanc Fumé)라고 칭함
- 화이트 와인 주생산지로 퇴적암, 석회암과 점토가 섞인 토양으로 구성
- 소비뇽 블랑 포도 품종으로 생산
- 미네랄, 연기, 풀, 감귤류, 열대 과일의 향, 신선하고 생동감 있는 산미가 특징

➔ Pouilly-Loché [뿌이으 로쉐]

- 부르고뉴의 남쪽 마콩네(Mâconnais) 지구에 위치한 포도밭
- 프흐미에 크뤼 아오쎄(Premier Cru A.O.C.)로 승급이 기대되는 지역
- 샤르도네품종으로 화이트 와인 생산
- 석회암과 점토가 섞인 토양으로 와인에 미네랄리티와 신선함 부여

➔ Poulsard [뿔사르]

- 쥐라(Jura) 지역 북부 아르브와지역이 원산지인 품종
- 폴사드(Poulsard) 품종 와인은 오렌지색 뉘앙스 열은 레드 와인

- 레드 커런트, 야생 딸기, 체리, 크랜베리, 자두, 장미, 감초, 백후추, 시나몬, 흙 향의 특징

➔ Pourriture grise [푸리튀흐 그리즈]

- 회색 곰팡이를 의미하며, 식물에 생기는 곰팡이 병의 일종
- 곰팡이가 발생하면 포도 열매가 썩거나 부패하여 품질과 수확량에 영향
- 포도에 특정 조건에서 발생하면, 포도의 당도를 높여 고급 디저트 와인 생산에 사용

➔ Pourriture noble [푸리튀흐 노블]

- 귀부병(Noble Rot)의 의미
- 포도를 공격하는 보트리티스 시네레아(Botrytis cinerea)라는 곰팡이에 의해 발생
- 귀부병의 발생 조건은 포도밭 주변에 아침에는 안개가 끼고 오후에는 햇볕이 나는 조건에서 곰팡이가 포도를 감염시키기에 적합한 환경을 제공
- 따스하고 습한 기후가 곰팡이의 성장을 촉진
- 세미용, 리슬링, 소비뇽 블랑 등이 귀부병에 적합한 품종
- 귀부병의 효과로 포도 내 수분 감소로 포도 안의 당분과 아로마가 농축되며 귀부병에 감염된 포도는 살구, 꿀, 감귤류, 말린 과일 등 복합적인 향의 특성 표출
- 프랑스의 소테른 와인, 독일의 트로켄 베렌 아우스레제, 헝가리의 토카이 등이 유명

Pourriture noble

출처: https://www.gastronomiac.com/

Pressurage

출처: https://avis-vin.lefigaro.fr/

➜ Pressoir [프레스와]

- 와인 양조 과정에서 포도송이에서 포도즙을 짜내는 데 사용되는 기구
- 다양한 유형의 프레스가 있어, 각각의 방법은 와인의 스타일과 품질에 영향

➜ Pressurage [프레쉬하쥐]

- 와인 양조 과정 중 포도를 압착하여 주스를 추출하는 과정
- 과거 발로 밟기 작업이 있었으나 현대적인 방식인 기계식 압착기 사용이 일반화
- 청포도는 부드럽게 압착하고 적포도는 타닌추출을 위해 강하게 프레쉬하쥐
- 과도한 압착은 씨와줄기의 쓴맛 성분 유입, 와인 품질 저하 가능성으로 유의

➜ Primeur (vin) [뱅 프리메흐]

- 수확 후 빠른 시간, 보통 2달 정도 기간 안에 판매되는 프랑스 와인을 의미 -보졸레(Beujolais) 지역에서 시작
- 뱅 프리뫼르(vin primeur)는 봄 이전에 병입하는 와인
- 보통 장기 숙성용 와인과는 다르게 즉시 소비를 목적으로 함
- 가장 유명한 뱅 프리메흐(Vin Primeur)는 보졸레 누보(Beujolais nouveau)
- 매년 11월 셋째 주 목요일은 보졸레 누보 와인이 공식 출시를 기념하는 날
- 세계적으로 많은 국가에서 파티로 보졸레 햇 와인을 축하하는 이벤트

➜ Primeur (vin vendu en) [뱅 방뒤 앙 프리메흐]

- 병입 단계 전 와인을 납품하기 2~3년 전에 포도 재배자에게 부분적으로 지불한 와인으로 보르도 사람들에 의해 시작된 관행

➜ Provence [프로방스]

- 아비뇽 남쪽에서 지중해 니스까지 프로방스 대부분에 걸쳐 있는 와인 산지
- 지중해성 기후는 풍부한 일조량, 건조하며 따뜻하여 포도 성장에 이상적
- 프랑스 남부와 이탈리아에서 불어오는 미스트랄(Mistral)
- 바람이 많은 이 지역 기후의 특성으로 건조한 기후와 바람은 포도밭에 프레쉬함과 습기와 관련된 질병으로부터 포도밭을 보호

- 12개 이상의 포도 품종이 프로방스 와인 생산에 사용
- 수확 후 겨울에는 갓 완성한 와인을 각 포도 품종의 품질에 따라 블렌딩
- 블렌딩은 프로방스에서 매우 오래된 와인 양조 전통

Provence | **Puisseguin-Saint-Émillion**

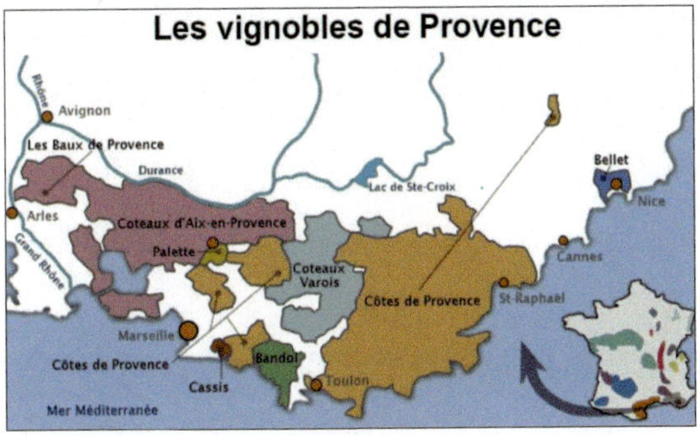

출처: http://le-caveau-normand.fr/

출처: https://www.wine.com/

➔ Puisseguin-Saint-Émillion [퓌세갱 생떼밀리옹]

- 보르도(Bordeaux)의 우안의 생떼밀리옹(Saint-Émilion)에 속하는 생산지
- 주로 사용되는 품종은 메를로 품종을 중심으로 말벡(Malbec), 카베르네 프랑(Cabernet Franc), 카베르네 소비뇽(Cabernet Sauvignon) 등 블렌딩
- 석회, 점토, 모래 등 토양은 포도나무에 이상적인 배수 제공과 복합적인 미네랄 특성 부여

➔ Puligny-Montrachet [퓔리니 몽라쉐]

- 부르고뉴 꼬뜨 드 본(Côte de Beaune)지역의 고급 화이트 와인 생산 마을
- 그랑 크뤼(Grand Cru)밭인 몽라쉐(Montrachet)와 바타르 몽라쉐(Bâtard-Montrachet)는 샤사뉴 몽라쉐(Chassagne-Montrachet)마을에 공동으로 분포
- 꼬뜨 드 본 남쪽의 두 마을은 부르고뉴의 화이트 와인의 중심지

➔ Punt [펀트]

- 와인 병 바닥이 안쪽으로 들어간 오목한 부분을 지칭
- 숙성 기간이 긴 고가 와인 일수록 펀트가 깊고 넓음
- 와인병 바닥의 오목한모양은 숙성 과정에서 발생되는 침전물을 모으는 기능성과 내구성을 강화시켜 주는 병 제작 기술이 반영된 요소

➔ Pyrénées Orientales [피레네 오리앙탈]

- 프랑스 남부 피레네(Pyrénées)산맥을 따라 위치하며 스페인과 인접한 지역
- 프랑스 총 와인 생산량의 약 2% 차지
- 주정 강화인 뱅 두 나뚜렐(Vins Doux Naturels)은 프랑스 전체 생산량의 80%를 차지

Pyrénées Orientales

출처: https://domaine-pedra-llampada.fr/

Q

➔ Qualité [깔리떼]

- 와인의 질, 품질을 의미

➔ Quart [까흐]

- 4분의 1의 분량

➔ un quart de vin [엥 까흐 드 뱅]

- 4분의 1 리터 분량의 작은 카라프(carafe)

➔ Quarts-de-Chaume [까흐 드 쑘]

- 루아르(Loire) 계곡의 앙주(Anjou) 지역에 위치한 디저트 와인을 생산하는 지역
- 까흐 드 쑘(Quarts-de-Chaume) 명칭의 유래는 중세 시대에 이곳의 영주가 생산량의 4분의 1을 자신을 위해 예약했다는 이야기에서 탄생
- 1954년 아오쎄(A.O.C.) 등급 지정
- 2011년 그랑 크뤼(Grand Cru)등급으로 격상
- 이 지역 와인은 슈냉블랑(Chenin Blanc) 포도 품종으로 양조
- 슈냉 블랑(Chenin Blanc)은 높은 산도와 풍부한 아로마를 가진 품종으로, 달콤한 스위트 와인 양조에 적합

Quarts-de-Chaume	Quatourze

출처: https://www.twil.fr/	출처: https://www.cdiscount.com/

➔ Quatourze [까투흐즈]

- 나르본(Narbonne)과 오드(Aude)의 근처에 위치
- 기후는 건조하지만 지중해 바다의 영향
- 까투흐즈(Quatourze)라는 이름은 이탈리아와 이베리아반도를 연결하는 로마 도로인 비아 도미티아(la Via Domitia) 네 번째 이정표에서 유래
- 주 포도 품종은 무르베드르이며 그르나슈와 생소 품종도 사용
- 과일 향이 풍부하며, 구조감과 스파이시한 레드 와인
- 과일 향이 돋보이는 로제 와인 그리고 균형감있는 산미의 화이트 와인 생산

➔ Queue [끄]

- 일반적으로 412~894 리터의 와인을 저장 할 수 있는 포도주 통 의미

➔ Quincy [뀅시]

- 부흐주(Bourges)의 서쪽에 위치하며, 샹빠뉴 베리숀의 경계에 뀅시 아오쎄(A.O.C. Quincy) 위치
- 1936년 발 드 루아르(Val de Loire) 지역의 첫 번째 아오쎄
- 뀅시(Quincy)와 브히네(Brinay)의 두 마을에 걸쳐 330헥타르 재배면적
- 점토 성분이 있는 모래와 자갈로 구성된 토양
- 소비뇽 블랑으로 시트러스한 과일, 블랙커런트 싹, 라임 꽃, 아카시아, 유칼립투스. 미네랄 느낌의 화이트 와인 생산

R

Rasteau [하스토]

- 프랑스 남부 론지역에 위치한 아오쎄(A.O.C.)지역
- 그흐나쉬, 시라, 무흐베드흐 품종 등으로 레드와인과 뱅 두 나뚜렐을 주로 생산

Ratafia de Champagne [하타피아 드 샹빠뉴]

- 샴페인(Champagne) 지역에서 생산되는 오래된 역사가 있는 주정강화 와인
- 샴페인 생산 과정에서 얻어진 포도 주스에 브랜디를 첨가하여 생산
- 일명 '와인생산자의 아페리티프'라고 불리움
- 2015년 지리적 표시 보호 (Indication géographique protégée : IGP)등급으로 지정
- 17세기부터 샹파뉴 지역의 와인 생산자들은 팔리지 않은 포도와 포도 찌꺼기 그리고 와인 브랜디를 사용하여 라타피아(Ratafa)를 생산하기 시작
- 초기 라타피아는 값싼 테이블 와인으로 시작

Récolte [헤꼴트]

- 포도 수확을 의미하며 종종 특정 수확 연도를 나타내는 데 사용

Réhoboam [헤오보암]

- 6병 분량의 4.5리터 특대형 샴페인 병
- 성경에서 솔로몬 왕의 아들의 이름에서 유래

Reims [랭스]

- 프랑스 북동부에 위치한 도시
- 도시에는 뵈프 클리꼬(Veuve Clicquot), 떼탱저(Taittinger) 같은 유명한 샴페인 하우스들이 위치
- 와인 애호가들뿐만 아니라 일반 관광객들에게도 인기 있는 와인투어 여행지
- 샴페인 투어를 통해 와인 제조 과정을 직접 보고, 다양한 샴페인을 시음
- 랭스(Reims)는 와인 문화의 중심지로, 스파클링와인 샴페인의 중심 도시

Reims	Remuage

출처: https://glitterrebel.com/	출처: https://arrowheadwine.blogspot.com/

Remontage [르몽따쥐]

- 색 · 추출물 · 탄닌을 최대한 추출해 내기 위해 발효 중인 와인을 통 하단의 출구를 통해 뽑아 상단에 다시 펌프질해 다시 부어 넣는 작업

Remuage [흐뮈아쥐]

- 샴페인 제조시 병목 방향으로 찌꺼기를 모으는 과정

Reuilly [호이]

- 쌍트흐 발 드 루와르(Centre-Val de Loire) 지구에 위치
- 아오쎄 등급 지역
- 소비뇽 블랑 품종으로 와인트 와인, 피노누와로 레드와 로제와인
- 피노 그리(pinot gris)로 로제와인 생산
- 따스한 해양 영향을 받아 온화한 기후 지역

Ricey (rosé des) [로제 데 리세]

- 샹빠뉴(Champagne) 지역에서 피노 누아(pinot noir) 품종으로 만든 스틸 와인
- 짙은 붉은색에 체리와 검은 베리 향 그리고 바닐라, 아몬드와 석류 등의 향이 특징
- 부드럽고 풍부한 질감과 구조감은 일반적인 로제보다 레드 와인에 유사

Rosé des Ricey

출처: https://www.twil.fr/

Romanée-Conti

출처: https://www.greatdomaines.co.za/

Riesling [리슬링]

- 리슬링은 주로 프랑스 동부지역인 알자스지방에서 아오쎄급 알자스(A.O.C), 알자스 그랑 크뤼(Grand Cru) 및 스파클링 와인인 크레망 달자스(Crémant d'Alsace) 등을 생산
- 드라이 화이트 와인 외 세미 드라이 또는 스위트한 화이트 와인도 생산

➔ Robe [호브]

- 사전적 의미로는 옷이나 의상을 의미하지만 와인에서 호브(robe)는 와인의 빛깔과 관련된 용어로 사용

➔ Romanée-Conti [로마네 꽁띠]

- 코트 드 뉘(Côte de Nuits)의 본 로마네(Vosne-Romanee) 마을에 위치한 그랑크뤼 밭
- 이 포토밭의 소유주인 도멘 드라 로마네 꽁티(Domaine de la Romanée-Conti)는 수 세기 동안 피노누와(Pinot Noir) 단일 품종으로 생산된 최고급 고가 와인으로 평가 받음

➔ Rosé (vin) [뱅 호제]

- 분홍빛 또는 장미빛을 의미하며, 와인 용어로 로제 와인을 뜻함
- 로제 와인은 보통 적포도를 사용하여 양조
- 레드 와인보다 밝고 화사
- 화이트 와인과 레드 와인의 특성을 모두 지닌 중성적 스타일의 와인

➔ Rouge (vin) [뱅 후즈]

- 붉은 색을 의미하며, 레드 와인(뱅 후즈: vin rouge)을 뜻함
- 포도 껍질에서 추출한 안토시아닌 색소로 레드 와인의 붉은 색상이 표출

➔ Roussillon (Côtes du) [꼬트 뒤 루시옹]

- 피레네(Pyrénées)산맥과 지중해 주변의 페르피냥(Perpignan)과 근접한 와인산지
- 루시옹(Roussillon) 평원 전역에서 생산되는 아오쎄 지역
- 토양은 편암, 자갈, 화강암, 석회암 등 으로 구성
- 그르나슈(Grenache), 마르산(Marsanne),루산(Roussanne), 마카뵈(Macabeu), 투르바트 (Tourbat)로 화이트 와인을 양조
- 카리냥 누아(Carignan noir), 생소(cinsault), 무르베드르(mourvèdre), 그르나슈 누와 (Grenache noir), 시라(syrah) 등으로 블렌딩한 레드와 로제와인을 생산
- 레드 와인은 지중해 허브향, 말린 과일, 향신료 향과 균형감이 좋은 와인 생산
- 로제와인은 딸기, 라즈베리, 자몽 등의 신선한 과일 향

Côtes du Roussillon

출처: https://www.winetourism.com/

Rully

출처: https://www.cdiscount.com/

Rully [륄리]

- 코트 샬로네즈(Côte Chalonnaise) 지구에 위치한 마을명 와인 산지
- 빌라쥐(Village)급과 프흐미에 크뤼(Premiers Crus)급 와인을 생산
- 주 품종은 샤르도네와 피노누와 품종으로 각각 비교적 저렴한 화이트 와인과 레드 와인 생산
- 낮은 점토질과 석회질 토양을 가진 테루와에서 피노 누아
- 점토질과 석회암 토양에서 샤르도네 품종 재배

S

➔ Sable (vin de) [뱅 드 사블]

- 모래 토양에서 재배된 포도로 만든 와인을 의미
- 미네랄리티와 신선한 산미가 특징
- 프랑스 남서부와 지중해 연안의 랑그독 루시옹, 카마르그 지역에서 생산
- 모래 토양에서는 필록세라가 발생하지 않는 특징

➔ Saint-Amour [쌩따무흐]

- 보졸레(Beaujolais)의 북쪽 끝자락에 위치
- '사랑의 성인'이라는 이름을 가진 와인 생산지
- 가메(Gamay) 품종으로 레드 와인 생산
- 해발 약 250m 위치
- 화강암, 점토, 규산질 토양, 자갈 및 편암층 토양
- 보졸레 지역 핵심지역인 10개의 크뤼(crus) 중 하나

➔ Saint-Aubin [쌩또뱅]

- 코트 드 뉘(Côte de Beaune)에 위치한 아오쎄(A.O.C.) 마을

- 프리미에 크뤼(Premier Cru) 포도밭 보유
- 미네랄이 좋은 화이트 와인 생산지

Saint-Amour	Saint-Chinian

출처: https://www.wine-searcher.com/

출처: https://socialvignerons.com/

➔ Saint-Chinian [쌩시니앙]

- 랑그도크(Languedoc) 지역 베지에(Beziers)와 카르카손느(Carcassonne) 사이에 위치
- 시라, 그르나슈, 무르베드르, 카리냥 등 품종으로 레드 와인 생산
- 그르나슈 블랑, 마카베오, 롤(Rolle), 마르산느 등 품종으로 화이트 와인 생산
- 꽃 향이 좋은 로제와인 생산

➔ Saint-Émillion [쌩떼밀리옹]

- 보르도(Bordeaux) 우안에 위치하고 있는 오래된 와인 산지
- 유네스코 세계문화유산으로 등재
- 온화한 해양성 기후와 적절한 강수량
- 점토, 석회암, 자갈, 모래 등으로 구성된 테루와가 와인의 복합성과 품질에 기여
- 쌩떼밀리옹 와인의 주된 재배 품종인 메를로(Merlot)는 부드러운 탄닌과 과일 향 제공
- 카베르네 프랑과 카베르네 소비뇽이 블렌딩되어 와인에 구조감과 복합성, 타닌감 제공

- 레드 와인으로, 진한 색상, 스파이스, 다크 초콜릿, 그리고 담배, 가죽 향이 특징
- 숙성 잠재력이 큰 이 지역 와인은 수십 년간 숙성될 수 있으며, 시간이 지남에 따라 풍부한 맛을 나타냄
- 대표적 와이너리는 샤또 오존(Château Ausone), 샤또 슈발 블랑(Château Cheval Blanc), 샤또 앙젤뤼스(Château Angélus), 샤또 빠비(Château Pavi)등의 그랑 크뤼(Grand Cru)급 와인들이 있는 고품질 와인 생산지

➔ Saint-Estèphe [쌩떼스테프]

- 보르도(Bordeaux)지역의 메독(Médoc)지역의 좌안에 위치
- 뽀이악(Pauillac)마을 북쪽과 접함
- 토양은 비교적 자갈이 많은 토양이 특징
- 이는 배수가 좋고 포도나무 뿌리가 깊게 뻗을 수 있음
- 주요 재배 품종은 카베르네 소비뇽(Cabernet Sauvignon),메를로(Merlot), 카베르네 프랑 (Cabernet Franc), 쁘띠 베르도 (Petit Verdot), 말벡 (Malbec) 등
- 이 지역 와인은 강한 탄닌과 견고한 구조를 가지고 있어 숙성 잠재력 보유
- 블랙베리, 블랙커런트, 자두와 같은 검은 과일 향, 담배, 가죽, 미네랄 등의 풍미
- 이 마을 유명 와이너리는 메독 2등급 그랑 크뤼인 샤또 꼬스 데스투흐넬(Château Cos d'Estournel)과 샤또 몽로즈(Château Montrose)가 있음
- 이 지역에서 가장 오래된 와이너리 중 하나인 3등급 그랑 크뤼인 샤또 칼롱세귀(Château Calon-Ségur)도 유명

➔ Saint-Julien [쌩 줄리앙]

- 보르도(Bordeaux) 지역의 메독(Médoc)지구의 좌안에 위치한 마을
- 뽀이악(Pauillac)과 마고(Margaux) 사이에 위치
- 자갈이 많은 토양에 점토와 석회암이 혼합, 카베르네 소비뇽을 주 품종으로 그 외 메를로, 카베르네 프랑, 쁘띠 베르도 등을 블렌딩
- 2등급 그랑 크뤼가 많은 마을로 지역을 대표하는 샤또 라오빌 라 카즈(Château Léoville-Las Cases), 샤또 뒤크뤼 보까이유(ChâteauDucru-Beaucaillou), 샤또 레오빌

바흐통(Château Léoville Barton), 샤또 레오빌 프와페레(Château Léoville Poyferré) 등 유명

Saint-Estèphe **Saint-Julien**

출처: https://www.hachette-vins.com/

➔ Saint-Véran [생 베랑]

- 마코네(Mâconnais) 지역의 남쪽 끝에 위치한 생 베랑은 푸이-퓌세(Pouilly-Fuissé) 지역을 둘러싸고 있음
- 샤르도네가 질 자라는 지역으로 화이트 와인만 생산
- 생 베랑(Saint-Véran) 지역의 와인 색상은 매우 밝은 노란색, 엷은 황금색
- 와인의 아로마는 복숭아, 배, 아카시아, 아몬드, 헤이즐넛, 계피, 버터, 시트러스 향 때로는 꿀 향이 특징
- 드라이하고 부드러운나, 종종 강한 미네랄 표현

➔ Sancerre [쌍세르]

- 프랑스 루아르(Loire) 지역에 위치한 와인 산지
- 화이트 와인은 소비뇽 블랑, 레드와 로제 와인은 피노 누아 품종으로 양조
- 쌍세르 토양은 석회질이 많아서 미네랄도 풍부하고 산미도 좋은 화이트 와인 제조

Saint-Véran	Sancerre

출처: https://www.degriffstock.com/	출처: https://addisonwines.com/

➔ Santenay [쌍뜨네]

- 부르고뉴 지역의 와인 산지인 쌍뜨네는 과거 온천 마을로 유명했던 지역
- 주로 레드와인을 생산하고 화이트 와인 비율은 20% 이내
- 북쪽 구역은 샤샤뉴-몽라셰(Chassagne-Montracher)와 근접
- 보흐가흐(Beauregard), 레 그라비에흐(La Gravières), 라 꼼므 (La Comme) 등의 프르미에 크뤼가 있는 마을
- 레 그라비에르 밭은 과거 쌍뜨네에서 최상의 포도원으로 평가받던 곳으로 크뤼명이 칭하는 뜻에서 알 수 있듯이 자갈 비율이 높은 곳
- 중간 구역에는 과거 병원 자리였던 라 말라디에흐(La Maladière) 그리고 보흐페흐(Beaurepaire) 등의 프르미에 크뤼가 위치
- 최남단 구역에는 끌로 후소(Clos Rousseau)와 레 푸흐노(Les Fourneaux) 같은 프르미에 크뤼 포도원 위치
- 13세기 이후 와인을 재배한 지역으로 역사성과 더불어 비교적 합리적인 가격대의 파워있는 와인을 생산구역

➔ Saumur [쏘뮈흐]

- 루아르 계곡지역에 속하는 소뮈르(Saumur) 마을 주변에서 생산되는 아오쎄 구역
- 적포도 품종과 백포도 품종을 온화 한 해양성 기후에서 재배
- 화이트 와인용 슈넹(Chenin B)과 레드와 로제 와인용 까베르네 프랑(Cabernet Franc)이 주요 포도 품종
- 드라이하면서 부드러운 소뮈르 로제(Saumur rosé) 생산
- 앙주(Anjou)지역의 카베르네 당주(Cabernet d'Anjou)와 달리 달콤한 맛이 없으며 감귤 류와 신선한 과일의 향에 부드러운 맛으로 전체 식사에 매칭

➔ Sauternes [쏘떼른]

- 프랑스 보르도 지역의 남쪽에 위치한 귀부와인 생산 지역
- 지리적 위치는 귀부병(Botrytiscinerea)이 발생하기 좋은 큰강인 가론느(Garonne) 강과 지류인 시론(Ciron) 강 사이에 위치
- 주요 재배 품조은 쎄미용, 쏘비뇽 블랑 그리고 뮈스까델 소량 재배
- 대표적인 와이너리는 샤또 디껨(Château d'Yquem)으로 최고의 디저트 와인 생산
- 블루 치즈, 푸아그라 등 디저트류와 매칭

Sauternes

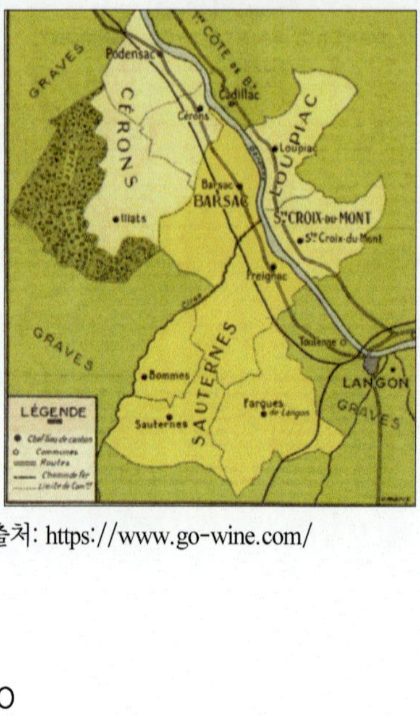

출처: https://www.go-wine.com/

Sauvignon blanc

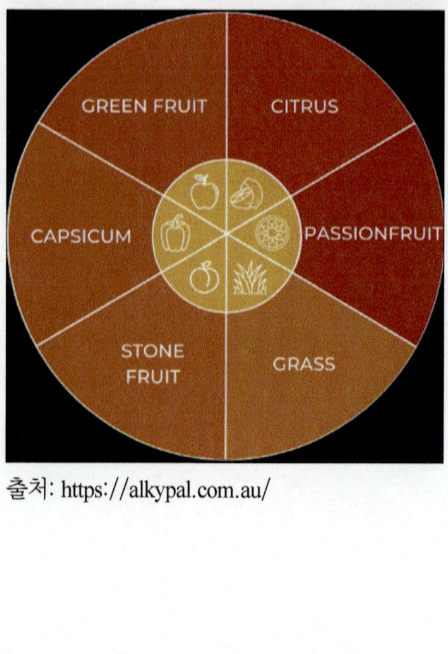

출처: https://alkypal.com.au/

➔ Sauvignon blanc [소비뇽 블랑]

- 인기 있는 화이트 와인 품종으로 높은 산도와 신선한 풀향이 특징
- 주요한 향은 자몽, 라임, 레몬, 사과 같은 과일 향, 풀향, 부싯돌 또는 연기 같은 미네랄을 표현하며 높은 산도 는 고양이 오줌 뉘앙스
- 프랑스 주산지는 쌍세르(Sancerre)와 푸이 퓌메(Pouilly-Fumé), 보르도 지역이 대표적 재배지
- 신세계 와인 생산국가에서는 뉴질랜드 남섬의 말보루(Marlborough) 지역이 유명
- 미국 캘리포니아, 칠레 그리고 남아프리카 공화국에서도 경쟁력있는 소비뇽 블랑 와인 생산

➔ Savoie [싸브와]

- 스위스와 쥐라(Jura)산맥과 근접한 지역에 위치
- 재배 면적은 총 2,000ha 미만, 프랑스 와인의 0.5%에 불과한 작은 와인산지
- 주로 화이트 와인이 생산되는 지역
- 화이트 와인은 대부분 토착 포도 품종인 자케르(jacquère)로 양조
- 몽되즈로 만든 레드 와인, 가메, 피노 누아 품종으로 스파클링과 로제 와인 생산

➔ Sec [쎅]

- 드라이(Dry)한 와인으로 당도가 매우 낮은 것을 의미
- 과일향이 풍부한 와인의 경우 실제로는 드라이해도 스위트하게 느껴짐

➔ Sélection de grains nobles [셀렉시옹 드 그랭 노블]

- 알자스(Alsace) 지역에서 생산되는 스위트 와인
- 귀부병에 감염된 포도를 사용하여 생산
- 이 용어는 '고귀한 포도알의 선택이라는 뜻
- 주로 사용되는 품종은 리슬링(Riesling), 게뷔르츠트라미너(Gewürztraminer), 피노 그리 (Pinot Gris), 뮈스카(Muscat) 등

Sédiment	Sémillon

출처: https://jacksonvillewineguide.com/

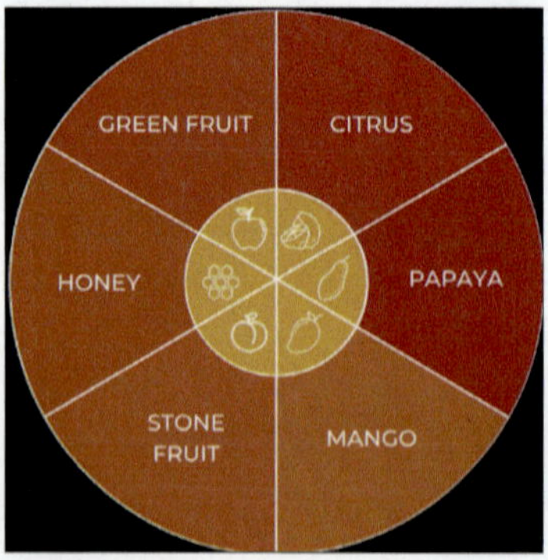

출처: https://alkypal.com.au/

➔ Sédiment [쎄디망]

- 와인의 침전물로 와인 병 펀트(punt)에 쌓이는 고체 입자들을 지칭
- 주로 오래된 와인이나 필터링되지 않은 와인에서 발견

➔ Sémillon [세미용]

- 보르도 지롱드(Gironde)가 원산지
- 드라이한 화이트 와인과 귀부와인 생산
- 귀부와인의 유명한 보르도 생산지는 소테른과 바르삭 지역

➔ Sommelier [소믈리에]

- 레스토랑에서는 와인을 담당하는 웨이터로 와인에 관한 총 책임자
- 와인의 구매와 저장, 와인 리스트 작성, 주문한 와인과 어울리는 와인 추천

➔ Structure [스뜨뤽띄흐]

- 산, 탄닌, 그리세린, 알코올, 당분이 와인의 감촉에 미치는 총체적 효과
- 맛의 구조감에 대해 평가시 '단단하다' 또는 '부족하다'는 수식과 함께 사용

➔ Sucre (vin de) [뱅 드 쉬크흐]

- 1903년 사기꾼들에 의해 포도 없이 물, 설탕, 타르타르 산 등을 믹스해 발효 후 타닌과 염료를 첨가 가짜 설탕 와인인 뱅드 쉬크흐(Vin de sucre)를 만들었던 역사적 사실

Sud-Ouest [쉬드 웨스트]

- 남서부에 위치한 쉬드 웨스트지역(Sud-Ouest)은 다양한 포도 품종 재배
- 약 120개의 토착 품종을 포함하여 300개 이상의 포도 품종 등록
- 대표적인 와인 산지는 다양한 와인 스타일을 생산하는 가이악(Gaillac)
- 타나 품종으로 높은 타닌과 풍부한 색상의 레드 와인으로 유명한 마디랑(Madiran)
- 스위트 화이트 와인으로 유명한 쥐하송(Jurançon)
- 네그레트(Négrette) 품종을 사용하여 만든 레드와인으로 유명한 프론통(Fronton)
- 블랙 와인이라 칭하는 말벡(Malbec) 품종으로 깊고 강렬한 맛, 진한 색상과 높은 타닌을 가진 레드와인으로 유명한 카오르(Cahors)지역

Sud-Ouest	Sylvaner

출처: https://www.lechaibordin.com/

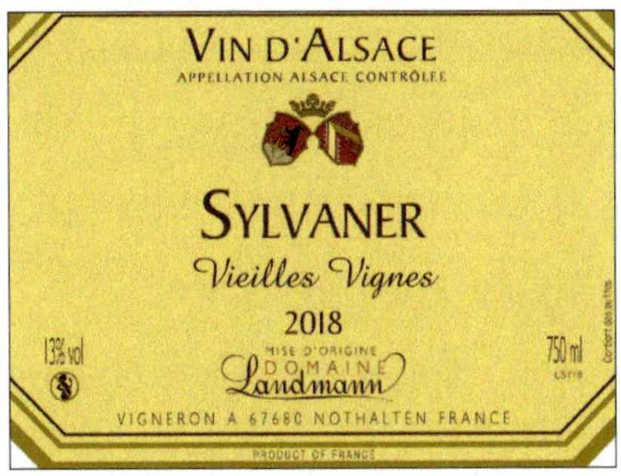

출처: https://www.vins-armand-landmann.fr/

Sulfite [쉴피뜨]

- 아황산염을 말하며 주로 이산화황(SO2)의 형태
- 와인 제조 과정에서의 주요 역할은 산화 방지와 항균작용 -와인의 품질과 안정성을 보장하기 위해 사용
- 와인의 저장성을 강화하기 위해 병입 전 소량 첨가
- 와인 라벨에 "contains sulftes"라는 문구 표기

➔ Sylvaner [실바네]

- 원래 오스트리아가 원산지인 포도 품종
- 알자스와 독일을 포함한 많은 국가에서 재배
- 신선하고 균형 잡힌 와인을 제공하는 백포도 품종
- 흰 꽃, 갓 자른 풀, 감귤류, 신선하고 유연하며 섬세한 와인

➔ Syrah [쉬라]

- 시라(Syrah) 품종은 힘있고 스파이시한 포도 품종
- 강렬한 색상의 레드 와인을 생산
- 과일 향이 뛰어나며 신선한 로제를 생산하는 데 사용
- 시라의 기원은 연구자들에 따르면 이 포도 품종은 프랑스에서 탄생
- 피노 누아의 자손인 뒤흐자(Dureza)와 사브와(Savoie) 지역에서 유래한 포도 품종 몽되즈 블랑쉬(Mondeuse Blanche) 사이에서 교배된 품종
- 론 강 서쪽 기슭에 처음 식재
- 최고의 쉬라는 북부론지역의 코트 로티(Côte-Rôtie), 에르미타주(Hermitage), 생 조셉(Saint-Joseph)등에서 생산
- 프랑스에서 재배가 시작된 시라(Syrah)는 특히 호주에서 쉬라즈(Shiraz)라는 포도명칭으로 전체 포도밭의 40%를 차지
- 미국 남부 캘리포니아, 이탈리아, 아르헨티나, 남아프리카 공화국, 칠레, 뉴질랜드 등 구세계 및 신세계 지역에서도 널리 재배

T

Table (vin de) [뱅 드 따블]

- 사전적 의미로 테이블 와인을 의미, 아오쎄 시스템의 최하위 등급
- 특정 지역이나 포도 품종에 엄격한 제한이 없는 저가 와인

Taché [따쉐]

- '얼룩이 있는' 뜻으로 레드와인 저장 통에 들어가 핑크빛이 나는 화이트와인을 지칭

Tannat [타나]

- 남서부 와인 산지의 마디란(Madiran)이 원산지
- 만생종이며 병충해에 강함
- 높은 타닌과 진한 색상에 높은 산도 블랙베리, 자두, 블랙체리 등 특징 -신세계 지역에서 우루과이를 대표하는 레드와인 품종

Tannin [타넹]

- 포도의 씨·껍질, 줄기 또는 오크 나무에 포함되어 있는 페놀 성분
- 와인 생산과정을 통해 와인에 흡수는 성분

- 탄닌은 덜 익은 감을 먹었을 때와 같이 입이 마르고 텁텁한 느낌
- 와인의 장기 숙성 가능성과 직접적인 관련
- 와인에 탄닌이 많이 함유 된 경우 와인이 쉽게 변질이 되지 않고 복합미를 지닌 와인으로 숙성됨

Taste-vin [따스뜨 뱅]

- 주로 버건디 지방에서 사용하는 시음용 은제 용기
- 와인 상인들이 직접 와인 저장고나 생산지를 방문했을 때 사용했던 것
- 다른 잔들과 달리 깨지지 않아 선호
- 이 잔은 다양한 무늬가 새겨져 있는 낮은 용기
- 가운데는 불룩하게 올라온 형태로 되어있어 와인이 가장자리로 몰리게 되는 구조
- 사용기록은 14세기 부터이며, 15세기가 되서야 많은 문서에 등장
- 따뜨 뱅(tâte-vin)이라고도 부름

Taste-vin

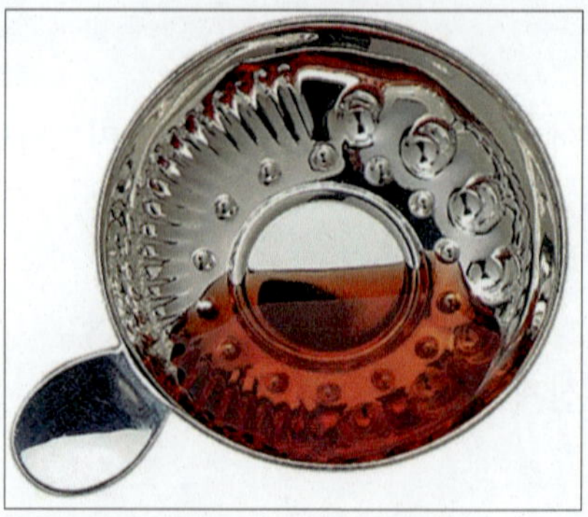

출처: https://gastronomadas.com.mx/

Tavel

출처: https://terroirreview.com/

Tavel [따벨]

- 론(Rhône) 지역 최고의 로제와인 생산지
- 아비뇽 다리와 가르 다리(Pont du Gard) 사이의 론 강 우안에 접해 있는 산지
- 풍부한 색상, 복합적인 향, 구조감으로 유명

➔ Tchin-tchin [친친]

- 프랑스에서 건배할 때 사용하는 표현으로, 건배를 의미
- 중국 광동어 请请(qǐng qǐng)에서 유래
- 프랑스와 영국의 중국 교역상들이 이 표현을 채택하여 사용
- 좀 더 격식 있는 표현으로 당신의 건강을 위하여 의미인 아 보트르 쌍떼(À votre santé) 사용

➔ Tendre [땅-드흐]

- 와인 시음시 부드러운 느낌을 주는 와인을 표현할 때 사용

➔ Teneur [뜨뇌-흐]

- 함유량이나 용액의 농도를 의미하는 용어

➔ Teneur calorique [뜨뇌-흐 깔로히끄]

- 와인의 칼로리 함유량을 의미
- 알코올 함량이 높을수록, 스위트 할수록 칼로리 함유량도 높아짐
- 대부분의 국가에서 와인 레이블에 칼로리 정보에 대한 의무적 표기에 부정적

➔ Teneur en alcool [뜨뇌-흐 앙 알콜]

- 와인에 포함된 알콜 함유도 의미
- 법적 표시 요구 사항, 유럽에서는 0.5% 오차 범위 내에서 표시

➔ Ténu [테뉘]

- 농도가 낮은의 의미로 와인의 맛이나 질감이 가볍고 미묘함을 나타냄

➔ Terne [떼흔]

- 와인 시음시 김이 빠진 듯한, 특성이 없는 와인을 지칭

➔ Terroir [떼루와]

- 떼루와(Terroir)는 영토를 의미하는 라틴어 테리토리움(territorium)에서 유래
- 토양, 기후, 지형, 고도 등의 자연 환경 요소가 포함되는 지리적 의미, 포도나무 재배 방식, 전통 기술, 노하우 등 인위적 요소 등 포도나무를 둘러싼 총체적 환경

- 지리적, 인위적 요소들이 결합하여 그 지역 와인에 개성과 품질의 차이를 표출
- 프랑스 와인에서 떼흐와개념이 중요한 이유는 전통적으로 각 지역의 고유한 떼흐와를 중시해 왔고 와인 품질과 개성을 결정하는 핵심 요소
- 떼루와는 원산지 통제 명칭 제도(A.O.C.)와 연계
- 특정 지역의 떼흐와에서 생산된 와인에 아오쎄(A.O.C.)인증 부여

Terroir	Tire-bouchon
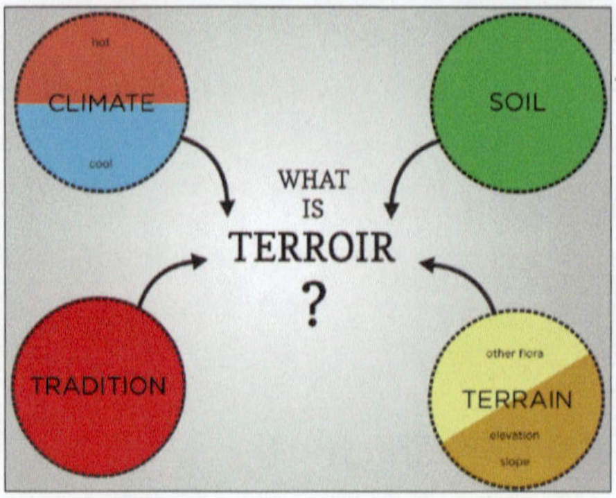	
출처: https://winefolly.com/	출처: https://www.cdiscount.com/

➔ Tire-bouchon [띠흐 부숑]

- 코르크스크류(corkscrew) 또는 와인 오프너 의미
- 띠흐(Tire)는 당기다를, 부숑(bouchon)은 코르크를 의미

➔ Tomme [똠]

- 사브와, 프로방스, 도피네(Dauphiné) 등 에서 소젖 · 염소젖 · 양젖 등으로 만든 둥근 모양 치즈

➔ Tomme de Savoie [똠 드 싸브와]

- 사브와(Savoie)지역에서 소젖으로 만든 지방이 적은 치즈

➔ Tonneau [또노]

- 와인을 숙성시키기 위해 사용하는 큰 나무 통을 지칭

➧ Tonnelet [똔레]

- 또노(tonneau) 단어에서 파생되었으며, 작은 크기의 통
- 와인 외 위스키 같은 다양한 알코올 음료를 숙성시키는 데 사용

➧ Traminer [트라미네]

- 알자스(Alsace)지역의 포도 품종
- 쥐라(Jura)지역의 품종인 사바냉 블랑 에 호제(Savagnin Blanc et Rosé)와 같은 품종 - 품종명은 이탈리아 티롤(Tyrol)의 마을 명인 테르미노(Termero)에서 유래
- 과거 오스트리아 제국 속주였을때 트라민(Tramin)이라고 불리움
- 산성이 낮고 부드러운 화이트 와인 제조

Traminer	Coteaux du Tricastin

출처: https://www.wine-searcher.com/

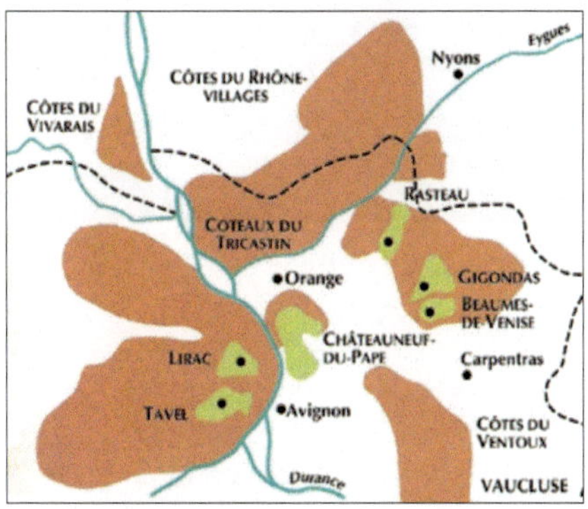

출처: https://wijnalbum.nl/

➧ Tricastin (Coteaux du) [꼬또 뒤 트리까스텡]

- 발레 뒤 론 아오쎄(A.O.C.) 등급으로 레드, 로제 및 화이트 와인 생산
- 생산량의 대부분을 차지하는 레드 와인은 카리냥(Carignan), 무르베드(Mourvèdre), 생소(Cinsault), 마르셀란(Marselan), 시라(Syrah) 그리고 그르나슈(Grenache) 등 6가지 적포도 품종을 브렌딩
- 계피, 후추, 바닐라, 향신료 향, 레드 커런트, 블랙 베리, 감초 등 향이 특징

- 화이트 와인은 마흐산(Marsanne), 루잔(Roussanne), 부흐불랑(Bourboulenc), 클레레트(Clairette), 그르나슈 블랑(Grenache Blanc), 비오니에(Viognier) 등 품종 사용

Trousseau [투루소]

- 프랑스 쥐라(Jura) 지역에서 재배되는 품종으로 조생종이며 병충해에 약함
- 중간 정도의 타닌과 바디감, 산도는 높은 편

Trousseau	Tursan

출처: https://www.oenosphere.com/

출처: https://www.vinsvignesvignerons.com/

Tursan [투흐상]

- 프랑스 남서부 지역의 탄(Tarn) 강가에서 생산되는 와인을 지칭
- 피레네 산맥을 낀 와인산지로, 고온 건조한 기후에서 전통적인 양조 방식으로 유명
- 그호 망상(Gros Manseng), 타나(Tannat) 등의 품종으로 다양한 스타일의 와인을 생산

Truffe [트휘프]

- 송로(松露)의 일종
- 프랑스 최고가 버섯으로 뻬리고(Périgord) 지방에서 가장 많이 생산
- 주로 떡갈나무 등 낙엽수림 밑에서 발견
- 채취를 위하여 돼지를 이용
- 11월과 3월 사이에 채취하며 송진 향과 같은 독특한 향
- 테린(Terrine), 소스, 가니쉬 등 각종 고급요리에 이용

U

Ugni blanc [위니 블랑]

- 프랑스에서 널리 재배되는 백포도 품종
- 증류주인 코냑(Cognac)과 아르마냑(Armagnac) 같은 브랜디 생산에 사용
- 이탈리아에서는 트레비아노(Trebbiano)라고 불리며 높은 산도가 특징
- 브랜디에 사용되어 레몬, 라임 같은 시트러스 계열의 깔끔한 맛을 제공
- 프로방스 및 랑그독 루시용 지역, 캘리포니아에서 상쾌한 화이트 와인 양조

Usé [위제]

- 약해져서 마시기에 너무 오래된 레드와인을 말할 때 사용

Ugni blanc

출처: https://www.boursot.fr/

출처: https://www.cellartracker.com/

V

➔ Vacqueyras [박께이라스]

- 프랑스 남부 론(Rhône) 지역에 위치한 와인 산지
- 로마시대부터 와인을 생산, 지공다스(Gigondas) 와인 산지와 근접
- 레드 와인 주산지로 그르나슈, 시라, 무르베드르 주로 사용
- 화이트 와인은 루산느, 마르산느,비오니에 등 사용

➔ Vallée [발레]

- 계곡, 골짜기, 유역 등을 의미하는 와인 용어

➔ V.D.Q.S. [베데퀴에스]

- 베데퀴에스(V.D.Q.S.)는 우수 품질 한정(vin délimité de qualité supérieure)등급
- 와인 등급에서 아오쎄(A.O.C.)와 뱅 드 페이(Vins de Pays)등급 사이의 등급
- 아오쎄(A.O.C.)등급으로 진입 대기 등급
- 베데퀴에스라는 명칭을 가진 와인 카테고리는 2011년 12월까지 존재했던 아오쎄 등급의 카테고리

➔ Vendange [방당쥐]

- 포도나무에서 포도를 직접 따서 수확하는 일련의 과정

V.D.Q.S.	Vendange

출처: https://wineclass.club/

출처: https://chateaudesmarres.com/

Vendange tardives [방당쥐]

- '늦은 포도 수확'을 의미
- 동부지역 알자스(Alsace)에서 생산되는 달콤한 디저트 와인을 지칭
- 알자스 지방에서 사용되는 게뷔르츠트라미너, 리슬링, 피노그리, 뮈스카 등 이용

Vendômois [방도므와]

- 염소젖으로 만든 약간 신맛의치즈로 화이트 와인인 꼬또 드 방도므와 매칭

Verdot (Petit) [쁘띠 베르도]

- 보르도(Bordeaux) 지역에서 재배되는 포도 품종으로 늦게 익는 만생종 포도 품종
- 쁘띠 베르도의 의미는 '작은 녹색'으로 잘 자라지 않는 특성을 표현
- 높은 타닌과 산도를 가지고 있으며 보르도 블렌딩에서 적은 비율로 사용

Vermouth de Chambéry [베흐무트 드 샹베리]

- 프랑스 동부 사부아(Savoie) 지역의 샹베리(Chambéry)에서 생산되는 와인
- 베르무트는 식물의 뿌리, 꽃, 허브, 향신료등 식물성 재료를 혼합하여 만든 가향 와인
- 화이트 와인을 베이스로 사용하여 제조

Vigne [비뉴]

- 포도나무나 포도원을 의미
- 오래된 포도나무로 만든 와인에 비에이 비뉴(Vieilles Vignes)로 종종 사용되는 용어

Vin [뱅]

- 라틴어에서 기원한 뱅(Vin) 어원은 포도즙을 발효시켜 만든 포도주를 의미
- 라틴어 비늄(vinum)이 와인을 의미하며, 이는 여러 유럽 언어에 영향
- 프랑스어의 뱅(vin), 스페인어와 이탈리아어의 비노(vino)가 비늄(vinum)에서 파생

Vinaigre [비네그흐]

- 비네그흐(Vinaigre)의 어원은 라틴어 비늄(vinum)과 '시다'는 의미의 아쎄르(acer)에서 유래
- 이는 식초가 와인의 산화를 통해 만들어지는 과정을 반영

Vin blanc [뱅 블랑]

- 화이트 와인을 의미
- 백포도 품종 또는 연한 적포도 품종을 사용하여 제조

Vin chaud [뱅 쇼]

- 포도주에 계피, 설탕, 글로브(cloves) 따위를 넣은 데운 와인.

Vin chaud	Vin de paille

출처: https://www.femmesdaujourdhui.be/	출처: https://www.au-droit-de-bouchon.com/

Vin cuit [뱅 퀴]

- 열에 의해 변성된 와인, 품질이 저하된 상태의 결점있는 와인

- 프로방스 지역의 전통 와인으로 포도즙을 저온에서 오랫동안 끓여 농축시킨 후 발효시켜 만든 스위트 와인을 의미

Vin fruits [뱅 프뤼]

- 과일을 천연 발효하여 만든 와인을 의미

Vin de liqueur [뱅 드 리꾀흐]

- 오드비(eau-de-vie)와 포도주스를 섞은 스위트한 알콜 강화 와인
- 혹은 스위트 화이트 와인인 뱅 드 빠이으(vin de paille)를 지칭

Vin de paille [뱅 드 빠이으]

- 쥐라(Jura) 지역의 스위트한 황금색 와인 지칭

Vin de garde [뱅 드 가흐드]

- 오래 보관하고 숙성시켜야 하는 와인 의미

Vin de pays [뱅 드 뻬이]

- 뱅 드 뻬이는 '지방 와인'이라는 뜻
- 특정 지역에서 생산된 와인 임을 의미하는 지리적 표시 통제를 받는 등급
- 최상위 아오쎄(A.O.C.) 등급과 최하위 뱅 드 따블(Vin de Table) 등급 사이에 위치
- 약한 규정으로 창의적이고 혁신적인 와인 스타일과 합리적 가격 와인 생산
- 유럽 등급 규제를 표시하는 와인 레이블에 IGP로 표시

Vin de table [뱅 드 따블]

- 문자 그대로는 'Table wine'으로 식사와 함께 마시기 좋은 와인을 의미
- 프랑스에서는 와인 등급 중 최하위 등급을 지칭
- 이 등급은 사용된 포도 품종이나 생산지를 레이블에 표기 불가
- 다양한 지역에서 가져온 다양한 포도 품종으로 만든 와인을 혼합 사용
- 블랜딩 과정을 통해서 매년 같은 성격의 와인을 제조

Vin gris [뱅 그히]

- 매우 엷은 색의 로제와인 프랑스어로 뱅(vin)은 와인을, 그히(gris)는 회색을 의미
- 뱅그히(Vin gris)는 주로 적포도 품종으로 양조

- 단기간의 마쎄하시용을 거쳐서 거의 칼라가 없음
- 로렌(Lorraine)과 프로방스 (Provence) 지역에서 많이 생산

Vin jaune [뱅 존]

- 쥐라(Jura)지역에서 늦게 수확해서 생산되는 호박색 와인
- 토착 품종인 사바냥(Savagnin)으로 양조
- 228리터 오크통에 넣고 최소 6년 이상 숙성
- 긴 숙성 기간 동안 와인 색깔이 진한 노란색으로 변하며, 노란색 와인 의미의 뱅 존(Vin Jaune)이라는 이름의 유래

Vin jaune

출처: https://www.vivino.com/

Vin rosé

출처: https://www.oullieres.fr/

Vin rosé [뱅 호제]

- 분홍빛을 띠는 와인으로 로제 와인은 발효과정 중 단기 침용과정을 통해 생산 -또는 적포도 와인과 백포도 와인을 블렌딩하는 방법 사용
- 블렌딩하는 방법은 주로 샹빠뉴 지역에서 사용
- 신선하고 과일향이 강하며, 드라이한 스타일 또는 스위트한 스타일
- 레드와인과 화이트 와인의 중간적 성격을 가지고 있어 다양한 요리에 매칭
- 여름철에 야외에서 시원하게 마시기 좋은 와인
- 남부 프로방스(Provence) 지역이 로제 와인 산지로 유명

➔ Vin rouge [뱅 후즈]

- 적포도주를 의미
- 레드 와인은 포도 껍질을 파쇄 후 발효되기 때문에 특유의 붉은 색과 타닌 포함
- 양조 후 색상은 품종이나 지역에 따라 밝은 루비색에서 짙은 보라색, 검은색에 가까운 색까지 다양

➔ Vin viné [뱅 비네]

- 증류주인 오드비(eau-de-vie)를 첨가하여 만든 주정 강화 와인

➔ Vinification [비니피까시옹]

- 와인을 생산하는 전 과정을 이르는 단어

➔ Violette [비오레뜨]

- 와인 시음시 제비 꽃향기가 나는 것을 의미
- 비올레뜨 꽃 향기는 주로 시라, 카베르네 소비뇽, 그리고 네비올로 같은 포도 품종으로 만든 레드 와인과 연관
- 비오레뜨 리큐어, 오랑캐 차(tea) 등은 프랑스 남불 뚤루즈(Toulouse) 특산품

➔ Viognier [비오니에]

- 프랑스 론(Rhône)지방 유래 품종으로 과거 로마 중심 도시였던 비엔느(Vienne)에서 유래한 품종
- 북부 론지역 콩드리유(Condrieu A.O.C.)에서는 비오니에 품종을 100% 사용 양조
- 꽃 향, 제비꽃, 자스민, 로즈, 산딸기, 복숭아, 살구, 꿀 그리고 스파이시하며 무게감이 확실하고 풍부하며 오일리한 특징
- 북부론 지역 엠샤푸티에, 캘리포니아 지역의 펠프스, 호주 얄룸바가 유명 생산자

➔ Viticulture [비띠퀼뛰흐]

- 포도 재배 뜻으로 포도를 연구하고 재배하는 것을 의미
- 포도 재배에는 수확하는 날까지 포도를 재배하는 모든 연구, 노력 및 행동을 포함
- 최초의 포도 생산자는 기원전 6000~8000년 근동 지방에서 나왔다고 기록됨

Violette	Viognier
 출처: https://animalia-life.club/	 출처: https://ozwinereview.com/

➔ Vitis Labrusca [비티스 라브루스까]

- 북아메리카 원산의 포도나무 학명으로 양조용 보다는 식음용으로 주로 사용
- 대표적인 품종으로는 콩코드(Concord), 나이아가라(Niagara), 카토바(Catawba) 등
- 라브루스카 품종으로 만든 와인은 독특한 '여우 향(foxy favor)'이 나는 것이 특징
- 현재는 품종 개량으로 와인 품질도 향상

➔ Vitis Vinifera [비티스 비니페라]

- 유럽 포도나무의 학명으로, 전 세계 와인 생산의 대부분에 사용되는 양조용 품종
- 비니페라 품종으로 만든 와인은 구조적이고 복합적인 맛과 향 그리고 탄닌, 산도가 적절한 균형을 나타내며 온화한 지중해성 기후에 잘 적응

➔ Vosne-Romanée [본 로마네]

- 세계에서 가장 뛰어난 피노 누아(Pinot Noir) 와인을 생산하는 부르고뉴 마을
- 코트 드 뉘(Côte de Nuits) 지구에 위치
- 재배 품종인 피노 누아(Pinot Noir)는 까다롭고 재배하기 어려우나, 최상의 조건에서 재배될 경우 매우 복잡하고 섬세한 와인을 생산본 로마네(Vosne-Romanée)
- 마을에는 고가와인의 상징인 도멘 드 라 로마네 꽁띠(Domaine de la Romanée-Conti)
- 로마네 꽁띠보다 고가인 르로이(Domaine Leroy)

- 메오 까뮈제(Domaine Méo-Camuzet), 미쉘 그로(Domaine Michel Gros) 등 위치
- 본 로마네 마을(Vosne-Romanée)에는 6개의 그랑 크뤼(Grand Cru) 포도밭과 1개의 프리 미에 크뤼(Premier Cru) 포도밭 지정

➔ Vougeot [부조]

- 부르고뉴 꼬뜨 드 뉘(Côte de Nuits) 지역에 속하는 마을명 아오쎄(A.O.C.)
- 49헥타르에 달하는 클로 드 부조(Clos de Vougeot)라는 그랑크뤼(Grand Cru) 포도밭에서 피노 누아 품종으로 숙성 잠재력과 풍부한 맛을 자랑하는 레드와인 생산

Clos de Vougeot

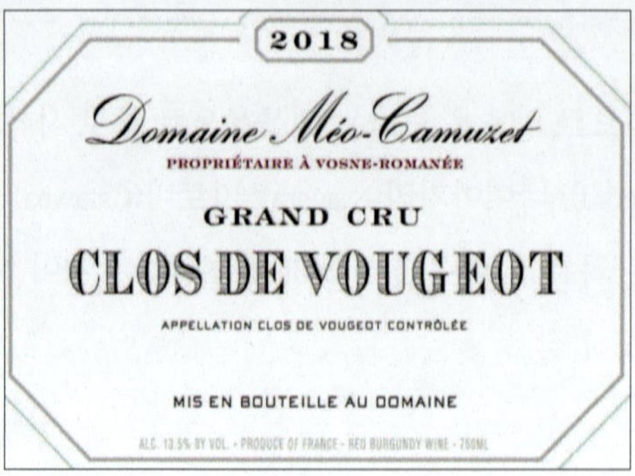

출처: https://www.wine.com/

Vouvray

출처: https://www.thewineilove.com/

➔ Vouvray [부브레]

- 부브레(Vouvray)는 엥드흐 에 루와르(Indre-et-Loire)지역의 아오쎄(A.O.C.)
- 주 생산 와인은 비발포성 와인인 스틸 와인(Still Wine)
- 프랑스 스파클링 와인을 총칭하는 명칭인 뱅 에페흐브쌍(vin efervescent)
- 3기압 이상의 스파클링 와인을 총칭하는 뱅무쓰(vin mousseux)인 아오쎄 부부레 무쓰(AOC vouvray mousseux)
- 2.5기압 이하의 약 발포성 뻬띠앙(pétillant)와인인 아오쎄 부부레 뻬띠앙(A.O.C. vouvray pétillant)이 유명

W

Washington [와싱톤]

- 미국에서 두 번째로 큰 와인 생산 지역
- 보르도 지역과 비슷한 위도에 위치하며, 온화한 기후에 일조량이 풍부
- 콜롬비아 밸리 지역은 카베르네 소비뇽, 메를로 등의 레드 와인 품종 재배 최적 조건

Washington	Württemberg
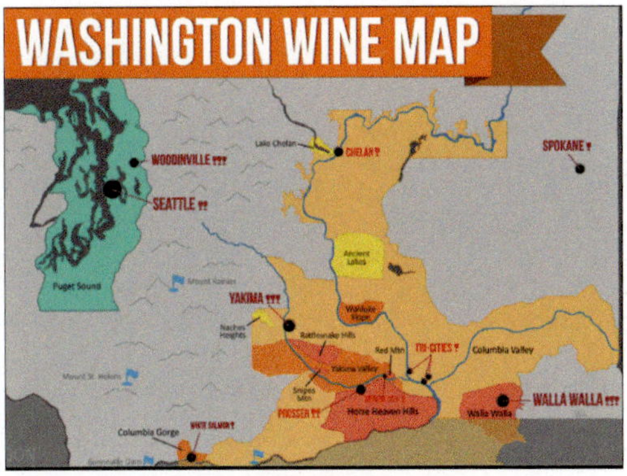	
출처: https://winefolly.com/	출처: https://www.cellartracker.com/

➔ Wagon-bar [바공바-]

- 식음료 서비스용 바(bar)를 갖춘 객차

➔ Württemberg [뷔르템베르크]

- 독일 남서부 바덴-뷔르템베르크 주에 위치한 와인 산지
- 독일 와인 생산 지역 중 네 번째로 큰 지역
- 적포도주 생산의 비중이 가장 높은 지역
- 트롤링거, 렘버거, 슈페트부르군더 등 품종 재배
- 신선하고 과일 향 풍부
- 일상적으로 즐기기에 좋은 스타일 와인 생산

X

➔ Xérès [끄쎄헤쓰, 그제헤쓰]

- 스페인의 셰리(Sherry) 와인을 프랑스어로 부르는 명칭
- 스페인 안달루시아(Andalucía)의 헤레스(Jerez) 지역에서 생산되는 주정강화 와인
- 제조에 팔로미노, 페드로 히메네즈, 모스카텔 등의 품종 사용
- 솔레라 시스템(Solera system)이라는 독특한 방식으로 숙성

Xérès

출처: https://www.vinissimus.fr/

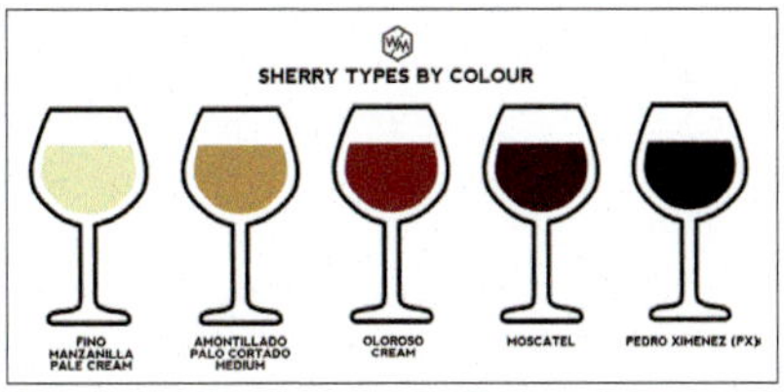

출처: https://www.liquor.com/

Y

➔ Y [이그렉, 이]

- 소떼른 지역에 위치한 유명한 귀부와인 생산 와이너리인 샤또 디껨(Château dYquem)에서 생산하는 드라이한 화이트 와인인 "Y(이그렉)"
- 주로 소비뇽 블랑과 세미용 품종으로 만든 "Y"은 1959년부터 부정기적으로 생산하였으나 2004년부터 매년 정기적으로 생산

➔ Yquem (Château d') [샤또 디껨]

- 보르도 지역의 소테른(Sauternes)에 위치한 세계 최고의 귀부와인 생산자
- 1855년 나폴레옹 3세 시기 쏘떼른(Sauternes)과 바르샥(Barsac) 지역의 그랑 크뤼 클라쎄 등급에서 유일하게 특1급(Grand Premier Cru)으로 분류된 샤또
- 좋은 빈티지의 샤또 디껨(Château d'Yquem) 와인은 수십 년에서 그 이상 숙성될 수 있는 숙성력이 뛰어난 귀부 와인

Y	Château d'Yquem

출처: https://www.wine.com/

출처: https://www.wine-source.com/

Z

Zone [존-]

- 와인 생산 지역, 구역 등을 의미

Zone Viticole [존- 비띠꼴]

- 포도 재배 구역을 의미하며, 특정 지리적 구역 내에서 포도 재배가 집중적으로 이루어지는 지역

Zone Climatique [존- 끌리마티끄]

- 기후대를 의미하며, 포도 재배에 중요한 특정 기후 구역을 의미

Zone Viticole

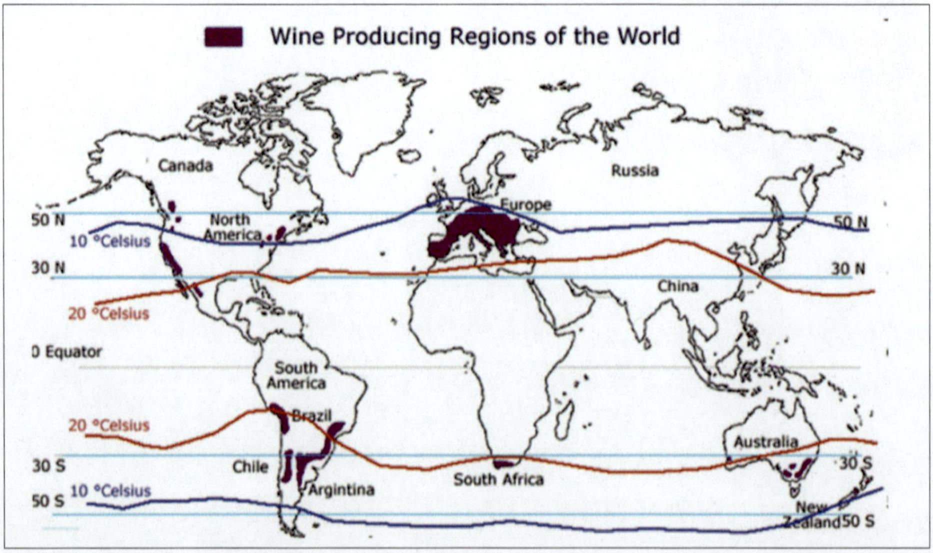

출처: https://yann-rousselin.com/

➔ Zwicker [츠비케흐]

- 알자스(Alsace) 지역에서 주로 주로 실바너, 피노 블랑, 리슬링, 게뷔르츠트라미너 등의 품종을 혼합하여 생산되는 화이트 와인
- 츠비케흐(Zwicker) 명칭은 독일어의 "혼합하다" 뜻에서 유래
- 전통적으로 알자스 지방의 농부들이 자신들의 포도밭에서 재배한 여러 가지 포도 품종을 혼합하여 만든 와인

➔ Zymologie [지몰로지]

- 발효 과정을 연구하는 학문으로 와인 제조에서 핵심적인 역할 -와인의 품질과 개성을 결정짓는 중요한 과학적 원리를 제공
- 이를 통해 와인 메이커들은 더 나은 품질의 와인을 생산

부록

I. 프랑스어 알파벳

• Aa [아] 아	• Nn [엔] ㄴ
• Bb [베] ㅂ	• Oo [오] 오
• Cc [쎄] ㅅ/ㄲ/ㅋ	• Pp [뻬] ㅃ/ㅍ
• Dd [데] ㄷ	• Qq [뀌] ㄲ
• Ee [으] 으/에/애	• Rr [에흐] ㅎ
• Ff [에프] ㅍ	• Ss [에쓰] ㅆ/ㅈ
• Gg [줴] ㄱ/ㅈ	• Tt [떼] ㄸ/ㅌ
• Hh [아쉬] 무음	• Uu [위] 위
• Ii [이] 이	• Vv [베] ㅂ
• Jj [지] ㅈ	• Ww [두블르베]
• Kk [까] ㄲ	• Xx [익쓰] ㅆ/ㄱㅈ
• Ll [엘] ㄹ	• Yy [이그렉] 이
• Mm [엠] ㅁ	• Zz [제드] ㅈ

II. 모음의 발음

1) 단순모음

- a, à, á [아] table, climat, cave, amer, sac, paquet, machine
- e, é, è, ê [으] [에, 애] merlot, de, demi-sec, Médoc, sommelier, nez, rosé, classé, degré, cep, tellement
- i, î, y [이] pinot noir, syrah, île, lies, ticket
- o, ô [오] Bordeaux, Côtes du Rhône, Mondeuse
- u [위] Jura, cru, muscat

2) 복합모음

- ai, ei [애/에] [으] Beaujolais, neige, Aix
- au, eau [오] château, Sauternes, beau, seau, Meaux
- eu, oeu [으] [외] jeune, supérieur, mousseux
- ou [우] rouge, nouveau, vous

3) 비모음

- am, an [앙] blanc, champagne, emener
- em, en [앙] Provence, enchanté, employer
- aim, ain [앵] Saint-Emilion
- im, in [앵] vin, tanin, instan
- ym, yn [앵] sympa, symbolisme
- om, on [옹] Dom Pérignon, Londres
- um, un [앵/엉] parfum, lundi, umbre

4) 반모음

- i +모음 [이] Ionie, iambe
- ou + 모음 [우] oui, chatouiller
- u + 모음 [위] Côtes de nuits, nuisance
- oi + 모음 [와/우와] Loire, mois, coi
- ay + 모음 [에이] vin de pays
- oy + 모음 [와이] voyelle, enveloppe
- ille,illy [이으] [일] bouteille, Pouilly fuissé, mille
- ian [이앙] viande, négociant
- ien [이앙/엥] bientôt, Biennale
- ion [이옹] million, Lion-sur-Mer

III. 자음의 발음

- b [ㅂ] brut, Bandol, Barsac
- c + a,o,u [ㄲ] Cadillac, Condrieu, cuvaison
- c + e,i,y [ㅆ] Cérons, cinq, cylindre
- ch+ a,e [ㅅㅆ] Chablis, chardonnay
- d [ㄷ] Dao, Dégustation
- f [ㅍ] France, fumé, Fitou, frais
- g + a/o/u [ㄱ] gare, goutte, guerre
- g + e/i/y [ㅈ] Givry, Gigondas
- gu [ㄱ] Languedoc, guerre
- gn [뉴] Bourgogne, Armagnac
- h [무음] Haut-Brion, Hermitage, Hongrie
- j [ㅈ] Julien, Japon, Jersey
- k [ㄲ] Képi
- l [ㄹ] Languedoc, Latour, levures, Lirac
- m [ㅁ] Midi, midiou, Minervois
- n [ㄴ] nouveau, Néac .
- p [ㅃ/ㅂ] Paris, papa, primeur (p, t, c 가 r 와 만나면 ㅍ/ㅌ/ㅋ로 발음)
- ph [ㅍ] phylloxéra, phare
- qu [ㄲ] Quart, Quincy, queue
- r [ㅎ] rafle, refermentation
- s [ㅆ] saint, sable, Saumur
- 모음 + s + 모음 [ㅈ] base, rosé
  두 모음자 사이에 s가 하나 있을 때 만 [ㅈ]로 발음되고 그 외의 경우에는 모두 [ㅆ]로 발음
- t, th [ㄸ] tonneau, Touraine, Tunisie
- t + ion [씨옹] appellation, ration
- v [ㅂ] vino, vintage, Volnay, Vouvray
- w [ㅂ/우] Washington, week-end
- x [ㄱㅆ/ㄱㅈ] Xérès, xiphophore
  [ㅈ/ㅆ] deuxième, sixain
- z [ㅈ] Zwicker

참고문헌

1. 국내문헌

강수연 옮김(2021), 프랑스 와인수업, 한스미디어.
강수연 옮김(2020), 교양으로서의 와인, 그린쿡.
김수연 옮김, 한눈에 보는 와인(2021), 시그마북스.
김일만 옮김, 와인 심플(2020), 사그마북스.
강영욱, 최인섭(2010), 와인입문, 대왕사.
김대철(2009), 와인과 포도, 한올출판사.
김준철(1997), 와인 알고 마시면 두 배로 즐겁다, 세종서적.
김준철(2003), 와인, 백산출판사.
김준철(1997), 국제화시대의 양주상식, 노문사.
김희수, 전홍진(2003), 생활 속에서 만나는 와인 이야기, 시공사.
김혁(2001), 김혁의 프랑스 와인 기행, 세종서적.
김혁(2004), 김혁의 프랑스 와인명가를 찾아서, 세종서적.
박재화·이정옥 공역(2009), 부르고뉴 와인, 바롬웍스.
박찬규 옮김(2000), 창해ABC북 와인, 창해.
류철·최성만(2005), 와인 이야기, 현학사.
서한정 편역(2003), 와인 에센셜, 아카데미북.
서지희 옮김(2018), 내추럴 와인, 한스 미디아
손진호·이은희 공역(2004), 매혹적인 와인의 세계, 예경.
손진호·이효정 공역(2007), 와인 테이스팅의 이해, 바롬웍스.
손진호 외 공역(2007), 로버트 파커의 보르도 와인, 바롬웍스.
장홍(1998), 문화를 포도주 병에 담은 나라 프랑스, 도서출판 고원.
이보미(2022), 와인 올 더 타임, 티나.
이순주 역(2004), 와인 입문 교실, 백산출판사.
이주호(1999), 이제는 와인이 좋다, 바다출판사.
이은선 옮김(2002), 와인의 역사, 시공사.
유영훈 옮김(2008), 매트 스키너의 캐주얼 와인북, 세종서적.
한복진, 신현섭 옮김(2001), 한손에 잡히는 와인, Cookand.
정수경 옮김(2001), 오즈 클라크의 와인 이야기, 푸른길.
정미나 옮김(2014), 와인 바이블, 한스 미디어.
차승은 번역(2020), 와인 폴리: 매그넘 에디션, ㈜ 영진닷컴
최인섭(2017), 음료학 입문, 현우사.
최인섭 편저(2002), 프랑스 조리실무용어, 대왕사.
최인섭·강영욱(2008), 주장관리론, 대왕사.

2. 국외 문헌

CIVB(2007), The guide to Bordeaux wine
Dovaz, M. (1980), Les Grand Vin de France, Juilliard.
Dussert-Gerber, P.(1992), Guide des Vins d'Europe, Alain Michel.
Duyker, H.(1980), Grands Vins de Bourgogne, Nathan.
Ed McCarthy et Mary Ewing-Mulligan(1998), *Le vin pour les nuls*, Sybex.
Encyclopédie des fromages(1997), Gründ.
Flaceliere, Christian(1999), *100 menu autour d'un Vin*, Solar.
Gérard Debuigne(1992), Dictionnaire des vins, Larousse.
James Halliday, Hugh Johnson(1994), The Art and Science of Wine, Mitchell Beazley International.
Pijassou, R. (1978), Le Medoc, Tallendier.

3. 관련 사이트

https://adrianysus.com/fr/
https://arcas.tistory.com/
http://article.joins.com
https://aveyron.com/
https://avis-vin.lefigaro.fr/
https://www.businesscoot.com/
http://www.bestwine.co.kr
http://www.bloomberg.com
https://www.bourgogne-wines.com/
https://cavesetvins.fr/apprendre/lexique-du-vin/
https://www.cellartracker.com/
http://cafe.daum.net/winemania
http://www.dynews.co.kr
https://www.decanter.com/
https://dico-du-vin.com/
https://www.encheresducoeur.org/
http://www.markys.com
https://www.france.fr/ko/alsace-lorraine/
http://www.interfrance.com/fr/vin/wine-terms.html
https://www.jjbuckley.com/
http://www.fromages-xavier.com
http://www.hotelelite.it
http://www.kamelopedia.mormo.org
http://www.kkaja.co.kr

https://www.lapetitegoutte.fr/
https://lemarcheduvin.fr/vin/vocabulaire-degustation-vin/
https://www.liquor.com/
https://www.lechaibordin.com/
http://le-caveau-normand.fr/
https://www.paris-bistro.com/
https://www.provencewinezine.com/
https://www.processalimentaire.com/
http://www.seoulwine.com
http://www.shindongwine.co.kr
http://www.sopexa.co.kr
https://www.sudouest.fr/
https://www.toutsurlevin.ca/
https://www.twil.fr/
https://www.viniphile.fr/content/38-lexique-du-vin
https://www.vins-france.com/
https://www.vins-en-nord.com/dictionnaire-du-vin/
https://vino-cave.fr/lexique-vin/
https://www.vinodiversity.com/
http://www.vinovixenz.com/
https://www.vinsvignesvignerons.com/
https://vins-epatants.fr/
http://www.vin-vigne.com/
https://wikifarmer.com/
https://www.wine.com/
http://www.wineenthusiastmag.com
http://www.winefood.co.kr
https://wineguide.wein.plus/
http://www.winenara.com
http://www.wineseoul.co.kr
http://www.wineshop.co.kr
https://winespector.fr/
http://www.westpointmarket.com
http://www.wine.co.za/Tour/Maps/
http://www.wineonline.co.nz/nzmap.htm
http://www.winesofchile.org
https://www.wine21.com/
https://www.winetourism.com/
https://yann-rousselin.com/

저자소개

최인섭

- 프랑스 국립 Toulouse 대학교 석사(MAITRISE)
- 프랑스 국립 Toulouse 대학교 초급박사과정(D.E.A)
- 프랑스 국립 Toulouse 대학교 박사(DOCTORAT NOUVEAU REGIME)
- 프랑스 파리 L'Ecole Le Cordon Bleu 수확
- 프랑스 파리 Ritz-Escoffier Ecole de Gastronomie Française 수학
- AHLA(미국호텔협회) 인증 Wine Sommelier
- CIVB Bordeaux Wine Course 수료
- 현, 극동대학교 호텔관광경영학과 교수

프랑스 와인용어 해설

2024년 8월 5일 초판 인쇄
2024년 8월 10일 초판 발행

저　　자 최인섭
발 행 인 배영환
발 행 처 도서출판 현우사
등록번호 제10-929호
주　　소 서울시 영등포구 영중로 138-1(영등포동 8가 80-2)
드림프라자 B 901호
Tel 02) 2637-4806, 4863 Fax 02) 2637-4807
홈페이지 www.hyunwoosa.co.kr
E-mail okpress1208@naver.com
정　　가 17,000 원
I S B N 978-89-8081-193-9 93590